Vida e clínica
de uma psicoterapeuta

CIP-BRASIL. CATALOGAÇÃO NA PUBLICAÇÃO
SINDICATO NACIONAL DOS EDITORES DE LIVROS, RJ

C973v
Cukier, Rosa
    Vida e clínica de uma psicoterapeuta / Rosa Cukier. – São Paulo : Ágora, 2018.
    : il.

    Inclui bibliografia
    ISBN 978-85-7183-206-0

    1. Psicologia. 2. Psicoterapia. I. Título.

18-47160   CDD: 155
                                                             CDU: 159.92

www.editoraagora.com.br

Compre em lugar de fotocopiar.
Cada real que você dá por um livro recompensa seus autores
e os convida a produzir mais sobre o tema;
incentiva seus editores a encomendar, traduzir e publicar
outras obras sobre o assunto;
e paga aos livreiros por estocar e levar até você livros
para a sua informação e o seu entretenimento.
Cada real que você dá pela fotocópia não autorizada de um livro
financia o crime
e ajuda a matar a produção intelectual de seu país.

Vida e clínica
de uma psicoterapeuta

ROSA CUKIER

EDITORA
ÁGORA

VIDA E CLÍNICA DE UMA PSICOTERAPEUTA
Copyright © 2018 by Rosa Cukier
Direitos desta edição reservados por Summus Editorial

Editora executiva: **Soraia Bini Cury**
Assistente editorial: **Michelle Neris**
Capa: **Arlete Sousa**
Finalização de capa e diagramação: **Santana**
Impressão: **Sumago Gráfica Editorial**

Editora Ágora

Departamento editorial
Rua Itapicuru, 613 – 7º andar
05006-000 – São Paulo – SP
Fone: (11) 3872-3322
Fax: (11) 3872-7476
http://www.editoraagora.com.br
e-mail: agora@editoraagora.com.br

Atendimento ao consumidor
Summus Editorial
Fone: (11) 3865-9890

Vendas por atacado
Fone: (11) 3873-8638
Fax: (11) 3872-7476
e-mail: vendas@summus.com.br

Impresso no Brasil

Sumário

INTRODUÇÃO 7

1. Codependência 13

2. Fadiga do psicoterapeuta: estresse
pós-traumático secundário 16

3. O psicodrama da humanidade: utopia, será? 27

4. Fundamentos do psicodrama:
a importância da dramatização 41

5. Psicodrama das adições: a luta entre a parte
adicta da personalidade e o verdadeiro eu 49

6. Passos para uma dramatização bem-sucedida 89

7. Psicossociodrama da inveja: atire a primeira
pedra se você puder 106

8. Estresse pós-traumático: novidades, tratamento
e psicodrama 130

NOTAS 155

REFERÊNCIAS BILIOGRÁFICAS 167

Introdução

Este livro é baseado em oito artigos escritos e publicados em revistas especializadas nos últimos dez anos.

Sempre me senti mobilizada a estudar as questões ligadas à primeira infância, sobretudo o abuso infantil e as marcas indeléveis que este deixa no psiquismo. Violência doméstica, distúrbios narcísicos, *borderlines*, funcionamento cerebral – tenho a impressão de que sempre estudei a mesma coisa, de pontos de vista diferentes, e sempre quis usar e ensinar a aplicar o psicodrama no tratamento dos quadros decorrentes.

O primeiro capítulo, "Codependência", foi baseado em um artigo escrito em linguagem popular para um jornal do bairro, por volta de 1996-1997. Nessa época, eu fazia psicoterapia e estava pessoalmente muito interessada nas questões ligadas ao abuso infantil e em suas consequências na vida adulta. Pedi ao meu professor-terapeuta, dr. Dalmiro Bustos, sugestões bibliográficas, e ele me indicou o livro *O drama da criança bem dotada*, de Alice Miller (1997).

Esse livro mudou minha forma de ver a psicopatologia e estimulou várias leituras correlacionadas, inclusive a de um autor americano chamado John Bradshaw, com quem fui fazer um *workshop* nos Estados Unidos.

Foi lá que, pela primeira vez, ouvi o nome *codependence* e conheci o livro de Melody Beattie, *Codependência nunca mais* (1998). Trata-se de um termo interessante, visto que se refere à dependência mútua: alguém tentando controlar alguma adição ou comportamento próprio disfuncional – uma depressão, por exemplo – e outra pessoa, em geral alguém da família, totalmente dependente do sucesso ou fracasso dele. Talvez seja esse o termo que mais bem descreva a psicodinâmica do apego humano em famílias disfuncionais.

O segundo capítulo, "Fadiga do terapeuta: o estresse pós-traumático secundário", é uma adaptação de um artigo de 2002. Fui motivada por uma fadiga pessoal, um cansaço profissional, uma vontade de desacelerar. Eu havia publicado três livros nos últimos dez anos, atendia no consultório em terapia de grupo e individual e era bastante convidada para dirigir *workshops* dentro e fora de São Paulo. Comecei a perceber que não queria ter recados na secretária eletrônica – preferia quando havia menos pacientes na minha agenda – e tinha, recentemente, recebido um diagnóstico de fibromialgia; enfim, não estava bem.

Encontrei o termo *burnout* na internet, e encomendei alguns livros da Amazon, já que não havia no Brasil muita literatura a respeito. Foi uma pesquisa de cerca de dois anos, que redundou na diminuição de minha carga horária e no incremento de espaços coloridos de azul-claro em minha agenda. Esse era meu código secreto para piscina e natação, atividade física que muito me ajudou na recuperação desse quadro.

"O psicodrama da humanidade: utopia, será?", o terceiro capítulo, também foi baseado em um escrito de 2002. Era agosto de 1998 e eu, que acabara de publicar meu segundo livro (sobre questões de abuso de poder, violência doméstica e distúrbios psicológicos e narcísicos daí decorrentes) e já iniciara a pesquisa para meu terceiro livro (um vocabulário de citações de toda a obra de Jacob Levy Moreno), fui assistir ao 13º Congresso Internacional de Psicoterapias de Grupo em Londres.

Eu já havia participado de outros congressos internacionais e me sentia agradavelmente curiosa, munida de um caderno de notas e pronta para ser fertilizada por novas ideias. A primeira ou segunda palestra-chave do congresso foi proferida por Vamik Volkan (1997), um emérito professor de psiquiatria da Universidade de Virgínia (EUA), de origem turco-cipriota. Ele acabara de publicar um livro chamado *Bloodlines* e sua fala me deixou sem palavras.

O que Volkan proferia, diante de toda uma plateia de estudiosos e pesquisadores do comportamento humano, fazia total ressonância tanto em relação à obra de Moreno – que eu já estava recortando e lendo minuciosamente – quanto em relação ao meu segundo livro e às questões pertinentes ao narcisismo que eu pontuara nele. Basica-

Vida e clínica de uma psicoterapeuta

mente ele dizia que grandes grupos, quando feridos em seu orgulho e ideologia, buscam revidar as ofensas e se vingar, exatamente como as crianças que, abusadas emocionalmente na infância, buscam, quando adultas, uma atitude ativa de vingança da dignidade ferida.

Moreno sempre quis usar o psicodrama para curar a humanidade, e Vamik Volkan parecia mostrar a necessidade e atualidade dessa intenção moreniana. Pois bem, fiz diversas de anotações, saí da palestra e comprei o livro. Comecei a ler ainda no hotel e não parei. O artigo que segue foi baseado no livro e na palestra de Volkan, nas palavras de Moreno e nas questões ligadas ao narcisismo – individual e grupal – que sempre me interessaram.

O quarto capítulo, "Fundamentos do psicodrama: a importância da dramatização", foi adaptado de um artigo produzido em 2004. Em 2003 fui convidada para participar de uma mesa-redonda com o tema "Fundamentos do psicodrama", no IV Congresso Ibero-Americano de Psicodrama, em Buenos Aires. Acontece que eu já estava totalmente envolvida com a leitura do substrato neurológico do trauma, ou seja, com o comprometimento do trauma e do abuso infantil no cérebro das vítimas. LeDoux (1996) e Levine (1999) foram autores que pesquisei durante um longo tempo, fazendo desenhos do cérebro e realmente tentando entender por que, muitos anos após o trauma já ter terminado, os clientes ainda apresentam sintomas.

O fato de o psicodrama ser uma técnica terapêutica ativa e oferecer uma segunda possibilidade de reação-reparação me encantou. Comecei a ser uma voraz defensora da utilização da dramatização para o tratamento de pessoas traumatizadas.

A mesa do congresso foi o pretexto de que eu precisava para escrever e dar vazão a essas ideias. Por isso, o tema desse capítulo parece um pouco desconectado de seu conteúdo. Eu, de certa forma, "forcei a barra" para enfatizar a dramatização como um dos fundamentos mais importantes do psicodrama, e recorri à neurociência para reforçar meu argumento.

"Psicodrama das adições: a luta entre a parte adicta da personalidade e o verdadeiro eu" é o capítulo seguinte, e sua origem é de 2005. Aqui, também vale ressaltar, sou um pouco autobiográfica. Fumei durante 15 anos e levei cinco para largar o vício. Na realidade, parei três vezes e tive duas recaídas: fiz ponto na orelha duas vezes e, por fim, parei com Nicorette, um chiclete que também vicia.

Fiquei impressionada com a facilidade das recaídas – apenas um cigarro e todo um trabalho de abstenção de dois, três anos ia por água abaixo. Também em relação a perder peso, eu enfrentava a mesma dificuldade: perdia 10 kg e os ganhava quase imediatamente, transformando esse ciclo em uma rotina perversa e sem fim.

Na mesma época, comecei a atender a uma moça muito elegante, mas que gastava compulsivamente, para além de sua necessidade real, criando, para si mesma, diversos problemas de relacionamento e financeiros. Comecei a ler, pesquisar e me encantei pelo tema. Gostei, sobretudo, de ressignificar a adição como uma automedicação para a solidão e a falta de contato humano significativo. Qualquer adição, do cigarro à cocaína, funciona como um alívio instantâneo para uma dor perene e infindável.

O capítulo "Passos para uma dramatização bem-sucedida" foi baseado em um artigo escrito em 2007. Além de psicoterapeuta, sou professora e supervisora de psicodrama há muitos anos, e tenho grupos de supervisão. Meu grande desafio, dessa forma, é ajudar meus alunos a utilizar a dramatização como ferramenta de trabalho e pesquisa da psicodinâmica dos clientes.

O terapeuta, quando propõe ao cliente para que monte e dramatize uma cena, sai de sua zona de conforto – sentado com cara de intelectual empático. Precisa levantar, expor-se, andar pela sala e propor alguma ação. Jovens terapeutas temem cair no ridículo, não saber como continuar a dramatização ou concluí-la, preferindo ficar no plano verbal, apenas perguntando ou explicando, propondo algo para o cliente pensar.

Nesse texto, sou superdidática e dou quase um presente para todos os meus alunos, mostrando exatamente como faço e por que faço o que faço. Espero que isso os ajude!

"Psicossociodrama da inveja: atire a primeira pedra se você puder" é o capítulo apresentado em seguida, concluído em 2011. As pessoas que foram abusadas/negligenciadas na infância têm uma séria perturbação com a noção de valor pessoal e autoestima (Cukier, 1998, p. 41-66), pois essa contabilidade depende da capacidade de se formar uma relação de apego segura em idade precoce. Quer se superestimando ou se desvalorizando, a forma como uma pessoa se autoavalia tem forte impacto sobre como ela se relacionará com os outros ao longo de sua vida.

A inveja é uma dessas possibilidades relacionais e causa imensos problemas para o ser humano; sentimento considerado pouco nobre, aparece na clínica frequentemente camuflado na alegação contrária: "Os outros têm inveja de mim".

Abordá-lo diretamente costuma ser uma viagem sem volta, em que um paciente ofendido abandona a psicoterapia. O que fazer, então? Eis a questão que motivou cerca de três anos de pesquisa, muitas leituras e o capítulo que vocês lerão.

Por fim, "Estresse pós-traumático: novidades, tratamento e psicodrama" é o capítulo que fecha este livro. O estresse pós-traumático é uma das sequelas possíveis do abuso infantil e da violência doméstica, apesar de estarmos diante de um quadro mais frequentemente associado a soldados e sobreviventes de guerra. Em 2014, um dos volumes da revista *Psychotherapeutic Networker* descrevia as várias formas de tratamento para essa síndrome, destacando as abordagens ativas mais recentes e nem sequer mencionando o psicodrama. Além disso, o autor lançava uma questão sobre o que havia acontecido com as velhas escolas psicodinâmicas, cujos tratamentos passaram a parecer obsoletos. Fiquei muito irritada com a leitura do referido artigo, constatando que a abordagem psicodramática, que eu julgava e julgo tão eficiente, não era valorizada. Resolvi pesquisar e escrever a respeito, inclusive checando a eficácia das outras abordagens mais recentes que o autor mencionara.

Enfim, espero que esta obra os fertilize de ideias e, sobretudo, que os mobilize a levar em conta seu momento pessoal ao enveredar por alguma pesquisa científica. Para mim, essa é a chave que provoca minha curiosidade e me dá fôlego para ler tudo que leio e estudo.

1. CODEPENDÊNCIA

Alguém já disse, em tom de brincadeira, que a diferença entre o homem e os animais não reside tanto no fato de ele ser racional, mas no fato de ele ter parentes. Talvez por nascerem semiprontos e terem uma longa infância sob os cuidados de alguém que os ajuda a sobreviver, os seres humanos são os animais que se envolvem mais longa e profundamente com seus antecessores e sucessores. Pai, mãe, irmãos e irmãs, avós, sogros, tios e primos... Essa é nossa grande peculiaridade e também a fonte de nossos maiores problemas!

Este é o caso da codependência, um tipo de patologia emocional e vincular descrita por estudiosos do comportamento humano nos Estados Unidos. Os primeiros estudos datam de 1983, e, apesar de ela ainda não constituir um quadro nosográfico no DSM-5, existem vários[1] livros escritos com esse título, inclusive um já traduzido para o português.[2]

Primeiramente, a descrição desse quadro incluía apenas famílias de pacientes alcoólatras, mas, com o tempo, seu significado foi estendido e atualmente o termo codependência também se refere à conduta de familiares e parentes de pessoas que têm algum problema grave e crônico, físico ou emocional.

> "Uma pessoa codependente é aquela que deixa o comportamento de outra pessoa controlar o seu e que fica, por seu turno, obcecada em controlar o comportamento desta outra pessoa."

Tudo começa por nos encontrarmos ligados (por amor, obrigação ou dever) a alguém muito complicado, doente física ou emocionalmente e que, por conta dessa doença, se autodestrói ou desiste de viver e precisa, aparentemente, de nosso apoio e cuidado constantes. Essa pessoa pode ser uma criança que nasceu com um defeito físico, um adulto deprimido, uma esposa ou amante anoréxica, um irmão que não se deu bem na vida, uma irmã que sempre se mete em encrencas e parece frágil para resolvê-las ou um pai alcoólatra.

Enfim, o importante não é quem essa outra pessoa é ou qual doença ela tem; o núcleo da questão está em nós mesmos, na forma como deixamos que ela nos afete e como tentamos influir em seu comportamento ou "ajudá-la". Trata-se, antes, de uma reação à autodestruição do outro, que acaba nos destruindo. Tornamo-nos vítimas da doença alheia, e quanto mais nos esforçamos para fazer a pessoa em questão abandonar o vício ou mudar de postura diante da vida, menos ela melhora e mais arrasados ficamos. Parece que nossa vida gira em torno dela; não mais agimos por vontade própria, mas reagimos à forma como o(a) doente está: se está bem, ficamos bem, fazemos planos, temos esperança; quando ele(a) volta a beber ou se deprimir, suspendemos o cinema, os projetos e nos sentimos muito mal.

Muitos terapeutas provavelmente vivem ou atendem pessoas que experienciam situações semelhantes. O que talvez nem todos saibam é que alguns cientistas consideram esse comportamento de ajuda crônica ao outro uma doença emocional, grave e progressiva. Chegam inclusive a dizer que o codependente quer e procura pessoas complicadas para se ligar, só podendo ser feliz dessa forma.

Não me parece que seja exatamente dessa forma, dado que muitos codependentes que atendi eram pessoas cansadas de sofrer e queriam sinceramente mudar; por educação, crença religiosa ou culpas variadas, contudo, não conseguiam se desligar.

Algumas características comuns aos codependentes chamam muito a atenção: eles, em geral, são pessoas de natureza benevolente, vieram de famílias emocionalmente perturbadas e desde a infância quiseram consertar as coisas que acreditavam estar erradas. Têm uma tendência a se responsabilizar e culpar tudo, são muito dependentes do amor, do elogio, da avaliação do outro e acham que aguentam mais do que os outros determinadas situações. Mentem para si mesmos dizendo que

Vida e clínica de uma psicoterapeuta

"as coisas estarão melhores amanhã", que "esta foi a última vez", e têm dúvidas se serão felizes no futuro ou se algum dia encontrarão o verdadeiro amor.

Codependentes sentem dificuldades de estar perto de pessoas, se divertir e ser espontâneos. Alternam entre momentos ultracarinhosos para com a pessoa doente e agressões e grosserias ao lidar com ela, e vão se tornando cada vez mais infelizes com o passar dos anos, deprimidos, isolados, violentos. Não raro, apresentam desordens de alimentação (ou comem muito ou pouco) e acabam tendo algum tipo de adição (cigarro, álcool, calmantes etc.).

Essa doença, de forma genérica, está associada a várias formas de abuso infantil, e os codependentes têm as seguintes dificuldades:

1. baixa autoestima;
2. dificuldade de impor limites;
3. dificuldades de reconhecer e assumir a própria realidade;
4. dificuldades de tomar conta de suas necessidades adultas;
5. dificuldades ao expressar suas emoções de forma moderada.

Terá a codependência alguma cura? Não há uma resposta simples a essa questão. Nos Estados Unidos, formaram-se grupos de autoajuda – como os para famílias de alcoólicos anônimos – nos quais se procura discutir o assunto e dar apoio aos codependentes.

Minha própria experiência mostra que a psicoterapia, especialmente o psicodrama – por ser uma abordagem que privilegia o estudo dos vínculos –, costuma ser muito útil nos casos em que o codependente está desiludido da própria potência para mudar a vida do outro e começa realmente a querer mudar sua vida. O tratamento auxilia e encoraja o paciente a empreender as mudanças necessárias, a se confrontar com seu passado abusivo e se reposicionar diante do parente doente, a fim de retomar uma forma mais saudável de viver, ainda que o parente continue querendo morrer.

2. FADIGA DO PSICOTERAPEUTA: ESTRESSE PÓS-TRAUMÁTICO SECUNDÁRIO[3]

Muitas vezes, amigos e conhecidos meus, leigos na temática das psicoterapias, me perguntam se não levo os problemas de meus pacientes para casa. De algum modo, parecem pensar que nós, psicoterapeutas, saímos preocupados do consultório e mal podemos dormir carregando os problemas alheios.

Sempre respondi tranquilamente que não é exatamente assim, pois, para que alguém seja terapeuta, exige-se um treinamento profissional rigoroso, que habilita o profissional a separar os conteúdos que são seus daqueles que pertencem aos seus pacientes.

Boa resposta, talvez, para leigos – que assim continuam igualmente leigos, porém profundamente admirados dessa nossa habilidade asséptica –, mas muito incompleta se quisermos realmente adentrar a natureza dessa questão. Até mesmo Freud (1910, p. 1565), que definiu o fenômeno da contratransferência como "a resposta emocional do terapeuta para com seu cliente", foi superficial nessa análise.

Mais recentemente, entretanto, e em função dos estudos sobre estresse profissional, violência e suas sequelas traumáticas, um número crescente de autores tem descrito um tipo de doença biopsicossocial, que acomete pessoas que cuidam de pessoas traumatizadas. Essa "doença" tem muitos nomes na literatura (Figley, 1995, p. 9): "Estresse pós-traumático secundário", "vitimização secundária", "covitimização", "traumatização vicariante", "contágio emocional", "efeitos generacionais do trauma", "síndrome do salvador", "fadiga da compaixão", "síndrome do terapeuta queimado (*burnout*)", entre outros.

O foco do estudo desses autores não é o paciente e como ele pode ser prejudicado pelo terapeuta, mas, ao contrário, como a profissão de psicoterapeuta pode ser insalubre e ter um custo pessoal ao próprio terapeuta.

Existem semelhanças entre os diferentes quadros de estresse profissional, sobretudo quando este é relacionado com excesso e más condições de trabalho. Mas há características específicas de insalubridade que ocorrem nas profissões de ajuda ao outro, e é nesta especificidade que gostaria de me centrar. Tomar contato com o trauma alheio e tentar ajudar pessoas traumatizadas de alguma forma provocam um estresse profundo na pessoa que cuida e, ironicamente, quanto mais sensível e dedicada ela for, mais será vulnerável a esse efeito espelho da dor alheia.

Nesse sentido, escolhi a designação *síndrome do estresse pós-traumático secundário*, pois, a meu ver, é a que melhor expressa o que ocorre na área das psicoterapias, e *fadiga do psicoterapeuta* como o nome popular que mais bem se adapta à versão em português.

O que é estresse pós-traumático secundário?

O Manual Estatístico e Diagnóstico (DSM) da Associação Americana de Psiquiatria incluiu pela primeira vez, em 1980, o diagnóstico de Desordem do Estresse Pós-Traumático (DEPT) para descrever sintomas que afetam pessoas que passaram por um acontecimento psicologicamente doloroso. São incluídos nessa categoria acontecimentos fora da faixa habitual da experiência humana, que representam sérias ameaças à vida da pessoa ou à de seus filhos e parentes próximos, tais como desastres naturais (terremotos, acidentes) ou deliberados (tortura, abuso de poder). Esse manual também esclarece que o trauma pode ser vivenciado diretamente ou secundariamente, por meio da tomada de conhecimento de ameaças e danos à integridade física de amigos, parentes ou pessoas próximas.

A DEPTS pode, então, ser definida como comportamentos e emoções naturais resultantes da tomada de conhecimento de eventos traumatizantes e significativos experimentados por outros. Consiste num processo de exaustão emocional gradual, relacionado a um trabalhar excessivo, mas que não se resolve apenas com férias. Trata-se de uma erosão gradual do espírito do terapeuta, e envolve uma perda de confiança e fé na própria capacidade de ajudar. Ayala Pines (1993, p. 386-402) acredita que somente os profissionais de altos ideais e motivações experimentam essa síndrome, como se ela representasse uma tensão entre a necessidade de ajudar do profissional e os problemas reais envolvidos no trato com as pessoas.

Kahill (1988), revendo a pesquisa empírica sobre essa síndrome, identifica cinco categorias de sintomas:

1. *Sintomas físicos*: fadiga e exaustão física, dificuldades de sono, somatizações como dores de cabeça, distúrbios gastrintestinais, gripes etc.
2. *Sintomas emocionais*: irritabilidade, ansiedade, depressão, culpa, sensação de impotência.
3. *Sintomas comportamentais*: agressão, frieza, pessimismo, cinismo, abuso de drogas.
4. *Sintomas profissionais*: largar o emprego, trabalhar mal, faltar, chegar atrasado, trabalhar exageradamente sem folgas.
5. *Sintomas interpessoais*: inabilidade de concentração, evitamento de contato com clientes e colegas, dificuldade com vida pessoal.

Duton e Rubinstein (1995, p. 85) pensam que os indicadores desse quadro reproduzem, no terapeuta, alguns dos sintomas conhecidos da síndrome do estresse pós-traumático:

1. Emoções de estresse que incluem: tristeza, luto, depressão, ansiedade, medo e terror, raiva, ódio, vergonha.
2. Imagens intrusivas do material traumático do cliente em pesadelos, por exemplo, ou em fantasias acordadas com *flashes* visuais.
3. Dificuldade de trabalhar com a dissociação do cliente.
4. Queixas somáticas, tais como dificuldades de sono, dores de cabeça, problemas gastrintestinais e palpitações.
5. Comportamento aditivo e compulsivo, incluindo abuso de drogas, alimentação e trabalho compulsivos.
6. Dificuldades com o funcionamento social cotidiano e com os papéis da vida privada, tais como cancelamento de compromissos, uso decrescente de terapia e supervisão, atraso crônico,

decréscimo de autocuidado, autoestima e sentimentos de isolamento e alienação.
7. Excitamento fisiológico.

Quem é vulnerável à DEPTS?

Sinteticamente falando, são potencialmente vulneráveis a essa traumatização por contágio todos os profissionais que têm na empatia sua ferramenta fundamental de trabalho, e todas as pessoas que estão em contato regular com pessoas traumatizadas. São as "profissões de ajuda ao outro" (bombeiros, policiais e militares, equipes de resgate e emergências) e todas as ligadas à saúde (enfermagem, medicina e, especialmente, a psicologia e a psiquiatria).

Há muitas razões pelas quais estas duas últimas categorias profissionais sejam as mais atingidas, desde as ligadas à escolha da profissão até as relacionadas às condições peculiares de trabalho.

Ser terapeuta: escolha ou destino?

Alice Miller (1997, p. 30-33) crê que escolher uma profissão de ajuda ao outro, sobretudo a de psicoterapeuta, é mais uma questão de destino do que de escolha propriamente dita. Ela se refere ao fato de que a maior parte dos terapeutas vem de famílias disfuncionais, nas quais, desde pequenos, foram os auxiliares de algum adulto menos potente, o qual os convocava, direta ou indiretamente, para essa função. Treinados engenhosamente para estar a serviço de alguém, desde a infância essas pessoas desenvolveram sua capacidade empática, sua sensibilidade, a qual será seu instrumental preferido de trabalho no futuro.

A empatia, recurso essencial para acessar o cliente e planejar uma estratégia de ação, faz que os profissionais troquem de lugar com as vítimas, mas, assim fazendo, experimentam indiretamente os mesmos eventos que traumatizaram seus clientes. Além disso, o trauma não resolvido do profissional será ativado pelo relato de uma experiência similar vinda do paciente, especialmente se consistir de um trauma infantil, provavelmente pela maior vulnerabilidade da criança e pela rememoração da própria infância.

Muitos autores estudam as características das pessoas que escolhem essas profissões. Altos ideais e corações generosos são os traços destacados por Grosch e Olsen (1994, p. IX), que concluem que os estudantes de psicologia e psiquiatria compõem um grupo de jovens otimistas e onipotentes, desejosos não apenas de ganhar dinheiro, mas também de mudar o mundo, e que acreditam que, depois de um treinamento árduo e juntamente com compaixão e cuidado, poderão ajudar a transformar a vida das pessoas de quem estão cuidando.

Freudenberg (1980) descreve o "tipo-A" de personalidade, que aglomera traços díspares tais como alto idealismo e performance e baixa autoestima, o que faz que pessoas desse tipo trabalhem cada vez mais arduamente para se sentir mais adequadas. São profissionais excessivamente dedicados, que tendem a exigir muito de si mesmos, substituindo, muitas vezes, sua vida social pelo trabalho. Alguns psicanalistas (Allen, 1979, p. 42 e p. 171-75) acreditam que o sucesso na carreira pode compensar desapontamentos infantis, como rivalidades fraternas não resolvidas, ou representar uma vitória edipiana tardia.

Em nosso meio, Victor R. C. S. Dias (1987, p. 187-95) chama atenção para a solidão do psicoterapeuta, que, acostumado a privilegiar uma comunicação franca e sincera, desprovida das habituais dissimulações e hipocrisias sociais, acaba por restringir seus relacionamentos a pessoas que também se comunicam assim, ou seja, pessoas que também se submeteram à terapia. Essa é uma armadilha que resulta em um terapeuta cada vez mais solitário e com uma tendência à arrogância e inadequação e agressividade sociais.

O que estressa o profissional?

A teoria sistêmica busca entender a pessoa por meio do impacto que os sistemas que a envolvem têm em sua vida. O conceito de causalidade circular parece útil de se aplicar na questão da fadiga do terapeuta. A figura a seguir denota pressões vindas de vários sistemas de relações que envolvem o profissional de saúde:

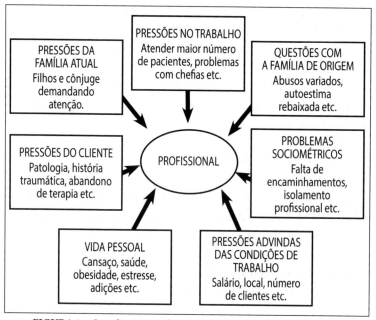

FIGURA 1 – O multissistema de pressões sobre o profissional de ajuda

Pressões da família atual e vida pessoal

Alguns autores relacionam o sucesso na carreira com a meia-idade do profissional, mostrando que, em geral, é em torno dos 40, 50 anos que ele atinge seu ápice de efetividade. É também nessa faixa de idade que fatos da vida costumam trazer insatisfações (crises de casamento, envelhecimento, menopausa para as mulheres, casamento dos filhos). Viver essas crises existenciais e, ao mesmo tempo, tratar de pessoas carentes e necessitadas pode ser exaustivo e estressante.

Além do mais, há outra situação muito comum a nós, psicoterapeutas, e oportunamente descrita por Grosh e Olsen (1994): enquanto passamos horas e horas ouvindo e sendo empáticos a outras pessoas, descuidamos de nossas próprias famílias e de nós mesmos. Depois de um longo dia vendo pacientes, quantos de nós se sentem realmente dispostos a lidar com as queixas cotidianas de nossos filhos e companheiros, ou, ainda, quantos de nós têm disposição de fazer ginástica ou uma refeição equilibrada? Num estudo conduzido por Michael Mahoney,[4] problemas como sobrepeso, dificuldades de conciliar o sono e exaustão generalizada foram algumas das queixas frequentes entre os psicoterapeutas entrevistados.

De heróis sensíveis aos clientes, transformamo-nos, subitamente, em participantes relapsos de nossos sistemas familiares e cuidadores negligentes de nosso próprio corpo.

Questões com a família de origem

Segundo Bowen e sua teoria da diferenciação do *self*, as pessoas lidam com as dificuldades de suas famílias de origem com uma variedade enorme de respostas em um contínuo que vai desde cortar a família fora até se fundir completamente com ela. Em nenhuma dessas soluções extremistas realmente existe a diferenciação do *self*. A fusão ou o afastamento total deixa um trabalho para fazer, que será replicado nas relações contemporâneas do indivíduo.

O ambiente profissional é extremamente propício a se tornar uma segunda família, em que as pessoas em geral transferem – ou tentam transferir – papéis semelhantes àqueles da família de origem, e no qual esperam terminar – mas só conseguem repetir – a dramática emocional de outrora.

Pressões advindas dos clientes

Neste item, além das preocupações constantes com a evolução e gravidade dos casos que atendemos, quero ressaltar outro fator de desgaste profissional. Berkowitz (1987, p. 85-89) descreve o fenômeno da "atenção não recíproca". O autor explica que os psicoterapeutas parecem preparados para trabalhar com a dor dos outros, com o estresse alheio, mas não para a falta de reciprocidade do paciente. O ato de dar constantemente, numa relação de mão única e sem *feedback* ou sucesso perceptível, é muito difícil para qualquer pessoa, principalmente quando se trata de alguém que se tornou terapeuta para compreender suas próprias raízes disfuncionais.

Vida e clínica de uma psicoterapeuta

O trabalho de um psicoterapeuta implica um constante "ligar-se e desligar-se afetivo" à outra pessoa. Muitas vezes, no auge de um processo terapêutico que julgamos correr bem, o paciente abandona a terapia ou é tirado do processo pelos pais pagantes, de forma abrupta, sem explicações, o que dificulta o trabalho de perda e luto que qualquer desligamento demanda. Terapeutas jovens, sobretudo, se ressentem profundamente dessas perdas solitárias, desse súbito desinvestimento de uma relação que supunham forte e produtiva.

Pressões no trabalho, problemas sociométricos, pressões advindas das condições de trabalho

A profissão de psicoterapeuta contém algumas expectativas irrealistas em termos de curar pessoas de forma rentável e elegante. Infelizmente, as condições, o preço de nosso trabalho, bem como nossa sociometria, deixam, muitas vezes, a desejar. Os colegas que trabalham em serviços comunitários compartilham frustrações de muitas ordens, desde o local e a frequência de seus atendimentos até a falta de remuneração. "O cliente de instituição é aquele que não paga, frequentemente não vem e não melhora", dizia jocosamente uma citação sobre as razões do estresse.

E mesmo aqueles que trabalham em consultório particular amargam, muitas vezes, a falta de clientes pagantes, a baixa remuneração dos convênios médicos e a instabilidade própria de uma carreira liberal – carecendo, consequentemente, de satisfação com a vida profissional.

Abuso profissional e fadiga do terapeuta

O estresse do terapeuta pode resultar em um atendimento negligente e abusivo do paciente. Há colegas que compensam a baixa remuneração por consulta atendendo muitos pacientes em um mesmo dia, ou organizando grupos com número excessivo de pessoas, em detrimento da qualidade do trabalho e de sua própria saúde pessoal. As expectativas irrealistas do terapeuta podem também abranger o crescimento do cliente. Certa urgência em ser visto como útil e reassegurado de sua habilidade profissional pode transformar a compaixão do terapeuta em pressão para que o paciente efetive mudanças em sua vida.

Por outro lado, a piora do paciente pode levar o terapeuta a se sentir ineficiente e frustrado. Willian Groch e David Olsen (1994, p. 57), partindo das colocações de Kohut a respeito da questão narcísica, descrevem a arrogância e o "complexo de Deus" de alguns psicoterapeutas. Acreditam que eles que não tiveram suficiente espelhamento e empatia em seus primeiros anos infantis, e podem compensar seu desejo de ser apreciado e admirado no paciente.

Nesse sentido, é paradoxal o objetivo das carreiras de ajuda ao outro: por um lado, elas representam uma forma de transcender a si mesmo; por outro, podem estar a serviço de obter a admiração alheia.

Lidar com pessoas que tendem a nos idealizar leva aos dois tipos de erros mais comuns: 1. podemos assumir que elas estão corretas, que somos maravilhosos mesmo e continuar fazendo coisas para que elas continuem pensando assim; 2. podemos ficar tão ansiosos com essa carga de idealização que podemos fazer tudo para decepcioná-las, agindo erradamente, cometendo erros estúpidos ou nos colocando simetricamente ao paciente.

Na realidade, o papel de terapeuta confere certo poder, o qual devemos estar preparados para assumir – sem exageros e durante algum tempo apenas. Nunca me esqueço de um supervisor que me dizia para faltar de vez em quando, e nem sempre repor sessões. As imperfeições do terapeuta servem para ir corrigindo essa idealização excessiva do paciente.

Conclusão: prevenção e tratamento

Terapeutas podem recorrer a vários recursos para cuidar de sua saúde pessoal, mas todos, invariavelmente, implicam uma mudança da rotina de trabalho e de vida. Dosar melhor o número de pacientes atendidos e deixar espaços de tempo razoáveis para alimentação e exercício físico são alguns desses recursos que, por mais simples que pareçam, são tremendamente difíceis de implantar.

Vida e clínica de uma psicoterapeuta

Não se trata apenas de trabalhar menos; é preciso substituir uma parte da confirmação financeira, profissional e narcísica que advém de uma agenda lotada pela consciência crescente de que somos tão vulneráveis quanto nossos pacientes, e de que é impossível advogar causas alheias se não cuidarmos de nossas próprias.

Mesclar atividades de atendimento ao cliente com atividades didáticas, como dar aulas, palestras ou trabalho institucional, é outro recurso desejável. Faz o terapeuta se locomover, conversar com outras pessoas, entrar em relações mais simétricas do que as que ele estabelece com seus pacientes.

Grupos de terapia e supervisão são também muito importantes, desde que representem um lugar seguro onde o profissional pode se expor sem temer retaliações e críticas pessoais. Um bom grupo de supervisão não excede, a meu ver, seis ou sete colegas, e implica um trabalho íntimo de construção do papel profissional. Grupos muito grandes facilitam idealizações e defesas, que acabam por destruir a genuinidade das informações.

Outra forma de suporte grupal que diminui o isolamento profissional é organizar pequenos grupos de estudo sobre um tema escolhido conjuntamente. Esses "grupos de iguais", além de ser produtivos (no sentido de reciclar os profissionais e produzir trabalhos escritos), têm a vantagem de propiciar uma relação simétrica menos formal que a supervisão. Quase que naturalmente os colegas compartilham suas dificuldades na clínica e oferecem continência emocional para questões delicadas (como falta de clientes, sessões que pareceram malconduzidas, "amores e ódios do terapeuta para os clientes", dicas para um atendimento que nos preocupa, entre outros). Pessoalmente, sou fortemente favorável a esse recurso.

Participar de congressos, vivências e pesquisas dentro da área de trabalho também ajuda o terapeuta a manter um interesse saudável em sua prática pessoal.

Parece-me extremamente importante reconhecermos essas questões ligadas ao nosso desempenho profissional, e gostaria de vê-las debatidas com mais frequência em nossos congressos. Acredito que exista muita vergonha associada a essa discussão, uma vez que nos apresentamos como semideuses uns para os outros, e admitir nossas necessidades pode denotar algum tipo de falha ou defeito pessoal.

O mito grego do deus da saúde e pai da medicina, Asklepios, me ajuda a encerrar este texto. Asklepios, filho do deus Apolo com a mortal Koronis, foi ferido antes de nascer. Seu pai, em uma crise de ciúmes após saber que Koronis o traíra, mandou queimá-la viva. Ao saber, entretanto, que ela estava grávida, arrancou o bebê de seu ventre e entregou-o a Chiron, o centauro, para educá-lo e treiná-lo na arte da cura. Chiron, por seu turno, era meio humano e meio divino, e sofria de uma ferida incurável que lhe foi causada por Hércules. Assim, Chiron, o curandeiro que necessitava curar a si mesmo, passou a Asklepios a arte de curar, a capacidade de encontrar sementes de luz e de se sentir à vontade na escuridão do sofrimento

O paradoxo das profissões de ajuda ao outro é que o curandeiro cura, mas, ao mesmo tempo, permanece ferido. Não existe ser humano sem feridas, e nossas psicoterapias, por mais excelência que tenham, não nos excluem de nossa própria humanidade.

3. O PSICODRAMA DA HUMANIDADE: UTOPIA, SERÁ?[5]

"[...] Um procedimento verdadeiramente terapêutico deve ter por objetivo toda a espécie humana." (Moreno, 1992, p. 119)

"[...] Acredito que a sociometria e o psicodrama terão lugar importante na história da sociologia, escrita no ano 2000." (*ibidem*, p. 87)

"[...] Presumimos, talvez ingenuamente, que se uma guerra pode espalhar-se pelo globo, deveria ser igualmente possível preparar e propagar uma sociometria mundial. Porém esta visão não surgiu do nada. Uma vez tratada com sucesso toda uma comunidade, através de métodos sociométricos, pareceu-nos, ao menos teoricamente, possível tratar número infinitamente maior de tais comunidades pelos mesmos métodos – de fato, todas as comunidades que formam a sociedade humana." (*ibidem*, p. 228)

"[...] O experimento sociométrico acabará por tornar-se total, não apenas em expansão e extensão, mas também em intensidade, marcando, assim, o início da sociometria política." (*ibidem*, p. 228-9)

A pretensão moreniana de tratar toda a humanidade por meio do psicodrama sempre me pareceu exagerada e improvável, sonhos utópicos de um homem que, além de aspirar importância e reconhecimento maiores do que teve, prognosticava fatos para os distantes anos 2000, que jamais testemunharia.

Pois bem, acabo de voltar do 13º Congresso Internacional de Psicoterapias de Grupo em Londres. É agosto de 1998, muito perto do ano 2000. Volto pensando diferente, quero rever essas frases de Moreno, leio-as com atenção. Ouvi coisas nesse encontro que, a toda hora, me remetiam a ele. Escrevo este artigo para compartilhar com vocês esses meus recentes achados.

Impressionou-me, especialmente, o tema central das *keynotes* (palestras-chave), grandes palestras com as quais se iniciavam diariamente os trabalhos do congresso. Os expositores, profissionais de muito destaque na produção científica mundial, pertenciam a uma interárea de interesse que mesclava história, sociologia, antropologia, política e psicologia. Sua grande preocupação era conseguir compreender e conter o aumento das chamadas guerras políticas e étnicas.

O Instituto de Pesquisa pela Paz Internacional de Estocolmo estima que o número de conflitos armados maiores[6] se manteve estável desde 1986 – cerca de 30 envolvendo 25 localidades –, embora tenham crescido sua intensidade e periculosidade. O que aumentou assustadoramente, no entanto, foi o número de conflitos menores, mais conhecidos como terrorismo étnico.[7]

A palavra etnia vem do grego *ethnos*, que significa companhia, pessoas ou tribo. Depois da Segunda Guerra Mundial, por iniciativa da ONU, adotou-se o termo "etnia" em substituição ao termo "raça", devido às conotações de inferioridade ou superioridade biológicas que os nazistas deram a essa palavra.

Não obstante, palavras novas não exorcizam velhos problemas. A civilidade nacional que permitia a pessoas de diferentes culturas dentro de uma mesma nação[8] viver em paz juntas foi vencida pelo ódio étnico e milhões de pessoas têm morrido nesses "confrontos entre vizinhos".

Na Iugoslávia, por exemplo, estima-se que 65 mil pessoas já tenham morrido; na Bósnia e Herzegovina, 55 mil[9]; na Croácia, cerca de 10 mil, e em Ruanda, as mortes já chegam a um milhão. E quantos estão morrendo nos conflitos do Afeganistão, Argélia, Angola, Azerbaijão, Bangladesh, Burundi, Camboja, Colômbia, Geórgia, Guatemala, Índia, Indonésia, Irã, Iraque, Israel, Libéria, Birmânia, Peru, Filipinas, Somália, Sri Lanka, Sudão, Turquia, Inglaterra e Zaire?

Chama atenção a barbárie desses confrontos em nações nas quais os direitos humanos são completamente ignorados; o genocídio é um objetivo frequente e nem mesmo os códigos de ética das guerras tradicionais são adotados. Não mais se fala em "extermínio de um povo"; agora, "limpeza étnica" é a expressão de ordem e visa não deixar vivo ninguém que pertença a outra etnia ou que se lembre das terras e casas que possuía. Décio de Freitas (1998) mostra que muitos dos que guerreiam e se matam podem ser etnicamente semelhantes na história, no sangue, na língua e até na religião. A intolerância se concentra não nas diferenças macroscópicas, mas em sutis alianças; a lealdade é para com o pequeno grupo étnico e não para com a grande nação. Clama-se vingança por ofensas passadas; busca-se, transgeracionalmente e a qualquer custo, resgatar a dignidade do próprio povo.

E vocês devem se perguntar: o que Moreno tem que ver com isso? Pois bem, o velho sonho de tratar a humanidade está em voga na Europa – ao menos foi o que pude extrair dos livros de alguns desses palestrantes ilustres.

O psiquiatra turco Vamik Volkan (1997), por exemplo, afirma que a partir desses conflitos todos criou-se uma demanda crescente para uma modificação do conceito de trabalho diplomático, que agora inclui a dimensão psicológica dos eventos e não apenas seu caráter econômico e social.

A maior parte dos conflitos étnicos envolve questões complexas ligadas à *identidade dos grandes grupos* envolvidos e não pode ser negociada apenas pela diplomacia política. Tampouco funciona, nessas questões, a diplomacia internacional tradicional, uma vez que não se trata de dois povos distintos lutando, mas de lutas internas de um mesmo povo. Donald Horowitz (Volkan, 1997), cientista político, defende a ideia de que a quantidade de paixão expressa nos conflitos étnicos demanda uma explicação que leve em conta as emoções.

Identidade de grandes grupos

Os seres humanos sempre viveram em grupos emocionalmente ligados, tais como clãs ou tribos. "Grupo étnico" é o nome contemporâneo para esse fenômeno e define um conjunto de pessoas que possuem em comum lugar de origem, ancestrais, tradições, crenças religiosas e linguagem. Além dessas características, as pessoas de uma mesma etnia compartilham um mito de inauguração, espécie de história grandiosa sobre o início do grupo, que inclui um conceito de continuidade biogenética generacional e confere características especiais e únicas para ele, tornando-o diferente de todos os demais.

A percepção da própria tribo ou grupo como humano e superior a outros – consequentemente vistos como sub-humanos – é um fenômeno universal que intriga os antropólogos. Os chineses antigos, por exemplo, chamavam a si mesmos de pessoas e às outras raças de *Kuei*, espíritos caçadores. Os apaches americanos se autodenominam *indeh* (pessoas) e aos outros, *indah* (inimigos). Em inglês, o termo "bárbaro" se refere a estrangeiro.

Inicialmente, as tribos vizinhas competiam por itens necessários à sobrevivência, tais como comida e água. Com o tempo, e assim que a sobrevivência se vê assegurada, outros itens começam a ser alvo da competição – itens supérfluos, tais como peles e bens materiais, mas que engrandecem a autoestima de quem os possui, e passam a representar símbolos de poder. Esses símbolos, por sua vez, ganham cores, bandeiras, músicas e outros indicadores culturais da identidade compartilhada e da história mítica do grupo.

A etnicidade[10] é um aspecto da identidade pessoal; ela é uma identidade social, não biológica, e vai além de considerações genéticas. Sua peculiaridade maior é de apenas ser sentida quando um grupo interage com outro, como se fosse uma possibilidade em potencial que só se manifesta em circunstâncias de interação com o diferente. Certo grau de etnocentrismo é comum e saudável em todos os grupos, mas, perigosamente, pode desandar para um tipo de racismo.

Personalidade e psicodinâmica dos grupos étnicos

> "Muito pouco sabemos ainda sobre o funcionamento de grandes grupos." (Freud, 1920)

Freud fez algumas tentativas de estudar os fenômenos grupais e, antes dele, autores como o sociólogo francês Gustavo Le Bonn (Freud, 1920) e o americano Mac Dougall (Freud, 1920) também tentaram algumas explicações. Eles constataram que, quando o indivíduo está num grupo, perde sua identidade habitual, havendo um incremento da emocionalidade e sugestionabilidade, além de um decréscimo da parte intelectual e cognitiva. Freud atribuiu esses fenômenos à libido, que seria a responsável pela formação e manutenção dos vínculos de amor num grupo. Para ele, a mente grupal seria estruturada de forma semelhante aos padrões da família; o amor entre os membros do grupo e a capacidade de se influenciarem mutuamente seriam proporcionais ao amor e respeito conquistados pelo líder dessa família. Quanto às hostilidades entre os membros, elas são atribuídas à má resolução das questões edípicas.

Volkan acreditava que essa explicação estava incompleta e pouco esclarecia a questão da agressividade presente nas relações humanas, porque um forte sentimento de identidade grupal leva, às vezes, a atos brutais de violência. Segundo ele, o próprio Freud foi cauteloso em aplicar suas descobertas da psicologia individual ao funcionamento grupal. Em 1932, Albert Einstein, no artigo "Por que a guerra?", perguntou a Freud se havia alguma forma de evitar as guerras. Freud se mostrou pessimista e afirmou não haver formas de eliminar a inclinação agressiva do ser humano. Muitos outros psicanalistas têm feito contribuições para a psicologia de grandes grupos, sem chegar, entretanto, a explicações mais abrangentes e satisfatórias.

Por sorte, novos esforços foram – e continuam sendo – feitos. Em 1978, o então presidente do Egito, Anwar Al Sadat, fez um convite indireto aos profissionais de saúde mental para trabalharem juntamente com diplomatas, buscando compreender e desfazer a barreira psicológica que, segundo ele, constituía 70% do problema árabe-israelense. Foi obtida uma verba junto ao Fundo das Nações Unidas e constituído um pequeno comitê, dentro da Associação Americana de Psiquiatria, que realizou reuniões em vários locais da Europa. De 1980 a 1986, psiquiatras e diplomatas americanos, israelenses, palestinos e egípcios dividiram-se e participaram de pequenos subgrupos de discussão, visando facilitar o diálogo entre as partes em litígio. Esse trabalho trouxe *insights* novos e valiosos sobre o comportamento e a identidade de grandes grupos emocionalmente conectados.

Rosa Cukier

Lutos culturais não resolvidos e transmissão transgeracional

As perdas vividas por uma cultura inteira, tais como assassinato de líderes amados, catástrofes naturais que redundam em elevado número de mortes, domínio, aprisionamento e humilhação de um grupo étnico por outro etc., também demandam um processo de luto e elaboração sob a pena de se tornarem perenes, caso esse procedimento não seja levado a efeito com sucesso.

A cultura comunica sua dor de formas peculiares. Usa, por exemplo, os meios de comunicação de massa para reportar o ocorrido ou criar anedotas como forma de elaborar a tragédia; executa ritos culturais para comemorar os aniversários desses eventos traumáticos; constrói, frequentemente, monumentos de pedra e metal resistente para simbolizar a força com que determinados fatos jamais serão esquecidos. Quando toda uma geração é dizimada, submetida e impedida de chorar e ritualizar sua perda – como no caso do Holocausto, que marcou a Segunda Guerra Mundial, ou dos índios Navajo, expulsos de suas terras pelos colonizadores americanos em 1864 –, aqueles que sobrevivem à tragédia são encarregados de transmitir seus sentimentos aos descendentes, como se as gerações posteriores pudessem se encarregar do trabalho de luto e elaboração impossibilitado aos seus antepassados.

De certa forma, nada fica esquecido na cultura. Analogicamente, poderíamos falar de um inconsciente coletivo no estilo junguiano[11], ou de um coinconsciente[12], lembrando Moreno, ou ainda de estresse pós--traumático[13] – enfim, mecanismos de grupo que se encarregariam de represar e transmitir transgeracionalmente, de forma ainda desconhecida pela ciência, os ressentimentos, os traumas e as injustiças sofridos em determinada geração.

Anne Ancelin Schutzemberger (1997) mostra numerosos exemplos clínicos do que chama de "síndrome de aniversário", na qual, em uma mesma família, determinado fato trágico – por exemplo, um acidente que redunda em morte – se repete por várias gerações sempre na mesma data. Interessante também seu relato dos "segredos familiares", que retornam encriptados em determinado paciente eleito de uma geração posterior, que, com seus sintomas, relata o que era indizível e impensável anteriormente.

Ivan Boszormenyi-Nagy (1983) introduz o conceito brilhante de "lealdade invisível", advogando que as relações familiares e culturais incluem a dimensão da justiça e da equidade dentro da família e da cultura. Sintomas e repetições seriam formas desesperadas de buscar o restabelecimento de uma ética das relações transgeracionais.

Desse autor também advém o conceito de "parentificação", processo de inversão de dependências, passando os filhos a cuidar dos pais, por meio de um implícito e complexo sistema de contabilização de méritos e dívidas, segundo o qual tudo que se recebeu de cuidados, carinho e cumplicidade deve ser devolvido com o tempo. As injustiças sofridas pela família também fazem parte dessa contabilidade, e cada membro carrega o encargo de, a seu modo, vingar, esquecer e cobrar essas injustiças. Não há jeito de escapar dessas obrigações familiares sem carregar consigo um sentimento de "culpabilidade existencial amorfa e indefinível".

Interessante perceber também que, apesar de a palavra lealdade derivar do latim *legalitas* (isto é, que diz respeito à lei), seu sentido real se refere a uma trama invisível de expectativas familiares, que nem sempre manifesta justiça ou legalidade. Os indivíduos que não aprenderam o sentido de justiça dentro das relações familiares tenderão a desenvolver um critério distorcido de justiça social.

Narcisismo, ressentimento, vingança e fúria grupais

Será que poderíamos considerar a existência de um sistema narcísico grupal, por meio do qual a consciência de valor individual estaria conectada com o valor do grupo ao qual se pertence e, por consequência, ataques à autoestima desse grupo estimulariam respostas de fúria e vingança, com o objetivo de resgatar a dignidade perdida? Sabemos que isso é verdade em nível individual. Eu mesma (Cukier, 1998) afirmei anteriormente que crianças abusadas na infância são bombas-relógio para o futuro, pois tratarão de revidar os abusos quando tiverem o poder nas mãos.

Parece que, em relação a grandes grupos, vários fatores devem ocorrer paralelamente para culminar em uma reação de fúria vingativa. A presença de um líder fanático, por exemplo, ele mesmo com uma história infantil de abusos e negligência, é um desses fatores. Alice Miller (1993) mostra, com muita propriedade, que por trás de todas as grandes catástrofes da humanidade houve líderes sádicos, machucados narcisicamente por pais negligentes e abusivos, que não souberam administrar suas necessidades básicas. É o caso de Adolf Hitler, Stalin e Nicolau Ceausescu (ditador da Romênia), que foram espancados e humilhados na infância. Outra variável predisponente é ocorrer, ou ter ocorrido num passado ainda lembrado, um ataque ao "orgulho do grupo". Segundo Kohut (1988), a coesão grupal se dá tanto por meio de ideais como por uma grandiosidade compartilhada, e os grupos apresentam transformações regressivas no domínio narcísico sempre que essa grandiosidade for atacada. Essas transformações regressivas do narcisismo grupal implicam agressão, raiva, fúria e vingança narcísicas.

Há também fatores enraizados na própria cultura que favorecem reações agressivas, como, por exemplo, os sintomas de autorrepúdio ou vergonha. É o caso dos nipônicos, que desdenham os traços fisionômicos da própria raça e se submetem a cirurgias plásticas para mudança da dobra ocular, desejando possuir características dos grupos majoritários, econômica e culturalmente dominantes.

Hugo Bleichmar (1987) chama de "possessões narcísicas do ego" esses objetos ou traços identificatórios que se quer possuir, a fim de que eles confiram um valor intrínseco – por exemplo, carros, joias, olhos etc. Mostra também como a cultura oferece vários termos para nomear a realidade, os quais, em seu bojo, carregam crenças e atributos identificatórios e valorativos ao sujeito. É o caso dos adjetivos possessivos, no caso da herança genético-familiar. Literalmente, as palavras *meu, teu, nosso* estabelecem uma ponte entre os objetos e seus possuidores. Ele afirma:

A criança recebe o *"meu"* com a significação que na palavra dos pais tem *"o meu filho"*: o narcisismo dos pais requer que o *filho-falo* seja visto como um produto absoluto deles. Com isso, *"o meu filho"* significa o filho que, por havê-lo *criado, é minha possessão* e fala, por isso, *de mim*. (*ibidem*, grifos nossos)

Além disso, há regras lógicas no inconsciente individual; por exemplo, a lógica da inclusão de classes que equiparam a identidade e o valor de todos os elementos da mesma classe. Entende-se assim porque, apesar das brigas impiedosas dentro de uma mesma família, se alguém alheio ao sistema critica algum de seus membros, por ser este sentido como possessão narcísica do ego, o criticado passa a ser imediatamente defendido pelos demais.

Para Anne Ancelin Schutzenberger (1997), o ressentimento grupal é um fenômeno conectado com a injustiça sofrida pelo grupo ou por algum de seus membros. O componente da obrigação moral de lealdade faz que todos os elementos do grupo tenham o dever de buscar a equidade e a justiça, sendo a culpa a penalidade para quem prescindir desse dever.

"Olho por olho, dente por dente" – é essa justiça taliônica[14] que rege o acerto de contas de nossa sofrida humanidade. No final, acabaremos provavelmente todos cegos e desdentados. Será que Moreno pode nos ajudar?

Sugestões morenianas para tratar a humanidade

Moreno criou o sociodrama para tratar grupos e problemas coletivos, e seu livro *Quem sobreviverá?* é totalmente dedicado a formular e testar formas de viabilizar esse projeto. Ele define o sociodrama como "um método de ação profunda que investiga e trata as relações intergrupais e as ideologias coletivas" (Moreno, 1975, p. 411; Moreno, 1992, p. 80).

Ele fez muitas tentativas de teorizar a respeito do comportamento grupal. Propunha uma diferenciação entre o processo de identidade e de identificação, dizendo: "A identidade deveria ser considerada à

Rosa Cukier

parte do processo de identificação. Desenvolve-se antes deste último na criança pequena e atua em todas as relações intergrupais da sociedade adulta" (Moreno, 1975, p. 442). O autor também propunha o termo "identidade de papel" para nomear aquilo que, contemporaneamente, chamaríamos de identidade étnica: "Os negros consideram a si mesmo um coletivo singular, *o negro*, uma condição que submerge todas as diferenças individuais. [...] A essa identidade chamaremos identidade de papel" (*ibidem*, p. 442).

Por várias vezes ele falou da diferença entre a catarse no sociodrama e a catarse no psicodrama, enfatizando que no sociodrama busca-se tratar as questões referentes à identidade:

> O protagonista no palco não está retratando uma *dramatis personae*, o fruto criador da mente de um dramaturgo individual, mas uma experiência coletiva. Ele é um ego-auxiliar, é uma extensão emocional de muitos egos. Portanto, numa acepção sociodramática, não é identificação do espectador com o ator que está no palco, presumindo-se a existência de alguma diferença entre aquele e o personagem que este retrata. Trata-se de identidade. (*ibidem*, p. 424)

Moreno (1992, v. III, p. 130) não tocou na questão do narcisismo grupal, mas chegou perto ao admitir que a inveja poderia ser um motor de ressentimento entre grupos:

> A população judia na Alemanha pode ter produzido mais líderes individuais do que proporcionalmente seu nível populacional permitiria [...]. Como a maioria do grupo era alemã, nós podemos imaginar os sentimentos de ressentimento que surgiam entre os líderes alemães, juntamente com a convicção de que eles tinham um "direito natural" maior do que os líderes judeus de dirigir essas massas de trabalhadores e fazendeiros alemães.

Além disso, o próprio teste sociométrico, por meio dos cálculos das escolhas, rejeições e neutralidades, acaba por atingir em cheio o nó da questão narcísica, provocando reações muitas vezes catastróficas, que

Moreno apontou e tentou explicar. Referindo-se aos procedimentos sociométricos, afirma:

> [...] estes procedimentos deveriam ser acolhidos favoravelmente, já que ajudam no reconhecimento e na compreensão da estrutura básica do grupo. Porém, este não é sempre o caso. Encontram resistência e até hostilidade por parte de algumas pessoas [...]. (Moreno, 1992, v. II, p. 202)

Moreno (*ibidem*, p. 260) sempre se preocupou com os conflitos raciais, e chegou até a formular a ideia de um quociente racial: "Da interação social dos membros e de sua expansividade emocional resulta uma expressão do grupo, seu ponto de saturação para determinado elemento racial contrastante, seu quociente racial".

Em "O problema negro-branco: um protocolo psicodramático" (Moreno, 1975, p. 425-52), ele discute com ousadia a situação do negro nos Estados Unidos e tece considerações teóricas importantes sobre os processos de discriminação racial e as contrarrespostas que eles suscitam. Também elaborou o conceito de *ponto de saturação racial* (Moreno, 1992, v. III, p. 216), no qual expressa a ideia de que existe determinado ponto além do qual uma população majoritária fica saturada de uma população minoritária, favorecendo os fenômenos de discriminação racial.

Na verdade, desde *As palavras do pai* ele parece ter um firme propósito de, em vez de arrancar olhos e dentes, como Talião propunha, apenas trocar de olhos e, simbolicamente, ocupar e compreender o lugar existencial do "outro, inimigo, diferente". É o que ele faz nesta "Oração do nazista", mostrando ser ele mesmo capaz de inverter papéis, até com inimigos do povo judeu, ao qual pertence:

> Ó Deus,
> nossa raça é como a verde e saudável grama,
> As outras raças são como as ervas daninhas, que sufocam a grama,
> E para que ela se acabe
> Que as arranquemos pela raiz e as destruamos! (Moreno, 1992, p. 240)

Também sua conceituação de axiodrama (*ibidem*, p. 60) – sociodrama focado nas questões de ética e de valor – mostra uma preocupação com o contexto comunitário, na medida em que propõe discutir e dramatizar as assim chamadas "verdades eternas", como, por exemplo, justiça, beleza, verdade, perfeição, eternidade, paz etc.

Moreno era um homem profundamente conectado ao seu tempo, mas também profundamente crítico às conquistas atuais. Ele desqualificava nossa era super-robotizada, repleta de aparatos técnicos sem vida e espontaneidade e que substituem as relações humanas. Entretanto, não hesitou em utilizar essa mesma tecnologia para divulgar seus métodos sociátricos; fez uso do cinema e sugeriu, num capítulo escrito com John K. Fischel no final de seu livro *Psicodrama*, formas possíveis de adaptar os métodos de espontaneidade aos recursos da televisão.

> É aconselhável organizar sessões psicodramáticas a ser transmitidas ao mundo desde uma estação de televisão. [...] É aconselhável organizar jornais vivos e dramatizados que sejam transmitidos ao mundo através das emissoras de televisão. Isto é mais saudável que o usual noticiário fotográfico de eventos; é um instrumento por meio do qual o gênio vivo e criativo pode, neste planeta, comunicar-se direta e instantaneamente com os seus semelhantes. (Moreno, 1975, p. 482-83)

Ele era contra as bonecas, os brinquedos mecânicos, as mamadeiras assépticas, enfim, contra a tecnologia. Contudo, penso que, se ainda estivesse entre nós, sem dúvida ele acharia uma forma de usar a internet como fórum de discussões, tribuna livre, e, por que não, imaginar dramatizações via satélite, nas quais arqui-inimigos pudessem trocar de papel ou descobrir que o medo, a dor, o horror, a solidão, a humilhação, o orgulho são atributos compartilhados por toda a espécie humana e não apenas por uma tribo em especial.

Conclusão

Gostaria de terminar este capítulo rendendo homenagens àqueles, entre nós, brasileiros, que têm se empenhado na direção sociátrica moreniana. Refiro-me ao crescimento e à criatividade dos vários grupos e escolas de teatro espontâneo, grupos que fazem trabalhos sociodramáticos com comunidades rurais e populações carentes, com minorias discriminadas por problemas de saúde e pobreza, além dos serviços comunitários que trabalham com a questão da violência doméstica. Também me encantam as possibilidades de usar o teatro como meio de trabalhar grandes grupos; enfim, acredito que temos algo da ousadia moreniana, necessária para levar adiante esse projeto social.

Falo em ousadia porque, de fato, é preciso coragem para fazer um trabalho desse tipo. Volkan (1997) – com seu grupo de diplomatas, políticos, historiadores e psicanalistas – realizava poucas e pequenas reuniões verbais, fechadas, com audiência restrita. Ainda assim, a leitura de seu livro nos mostra quão tenso e perigoso era o clima desses encontros.

Imaginem se confrontos étnicos ocorressem pela TV, sob a direção de algum psicodramatista habilidoso, e se milhões de pessoas pudessem interatuar, mandando perguntas, argumentos, fatos. Espanto-me apenas em pensar!

Porém, quantos de nós teríamos coragem de dirigir tais sociodramas psicopolíticos? Ser diretor de sociodramas e dirigir grandes plateias é tarefa para poucos. Na realidade, nenhuma escola de psicodrama nos prepara suficientemente. Moreno nos dá ideias, mas temos muito que aprender. Já testemunhei sociodramas caóticos, diretores perdidos e envergonhados, e até mesmo sapatadas numa grande plateia raivosa. Grandes grupos, tal como Freud os descreveu, parecem funcionar como um animal selvagem a ser domado, e a palavra usada na comunicação individual não se presta para articular sua mensagem (talvez aplausos, as olas que vemos nos campos de futebol funcionem, e talvez profissionais de comunicação de massa possam nos ajudar).

Não sei de que forma exatamente, mas tenho a sensação de que temos de aprender em grupo como lidar com grandes grupos. A experiência de estudar um escritor e autor tão complexo quanto Moreno no GEM[15], em grupo, pedacinho por pedacinho, com paciência e persistência, ensinou-me que tudo é possível quando um punhado de pessoas realmente quer.

Volkan (1997) sugere, no final de seu livro, que talvez seja preciso articular grandes pedidos de desculpas interculturais, intergeracionais e multigeracionais. Assistimos a Mikhail Gorbachev pedir desculpas, em nome da Rússia, pelos massacres ocorridos na Polônia; também a Igreja católica se desculpou por sua apatia diante do extermínio dos judeus na Segunda Guerra Mundial.

Concluindo, eu pediria desculpas a Moreno por tantas vezes tê-lo considerado um tolo sonhador, sozinho na montanha, olhando um futuro que só ele vislumbrava. Talvez ele seja mesmo um tolo, mas não é o único. Há muitos tolos como ele tentando ajudar as Nações Unidas para que possamos ter ao menos algum futuro.

4. Fundamentos do psicodrama: a importância da dramatização[16]

Uma colega do meu grupo de estudos de Moreno (o GEM) disse, certa vez, algo muito engraçado sobre mesas-redondas em congressos: não importa qual seja o tema da mesa, os debatedores sempre expõem o que bem entendem, ou seja, aproveitam a oportunidade para passar ao público a mensagem que lhes interessa, e não necessariamente aquilo que fora proposto pelos organizadores.

Ao pensarmos no tema "fundamentos do psicodrama", duas possibilidades de abordagem vêm à tona: na primeira, eu entenderia a palavra *fundamento* como alicerce, base sólida que legitima e autoriza a prática psicodramática; já na segunda, buscaria o que me parece fundamental, essencial, indispensável ao psicodrama. Confesso que fiquei mais seduzida pela segunda possibilidade, até porque para Moreno (1999, p. 33) o psicodrama é apenas um dos métodos da sociatria, no tripé que compõe a socionomia: sociodinâmica, sociometria e sociatria (ver Figura 2).

FIGURA 2 – Socionomia

Buscar os fundamentos do psicodrama corresponderia a fundamentar toda a socionomia, ou seja, descrever os fundamentos de toda a obra de Moreno. Teria de mencionar, no mínimo: a visão moreniana de homem espontâneo, sua filosofia do momento, bem como a teoria dos papéis e a teoria da ação e, sinceramente não conseguiria fazer isso apenas neste capítulo.

Por isso, optei pela segunda possibilidade, isto é, interpretar a palavra fundamento como aquilo que considero o atributo básico, essencial e indispensável ao psicodrama.

Moreno (1992, p. 183) define o psicodrama de muitas formas. Numa delas diz: é o tratamento do indivíduo ou do grupo por meio da ação dramática.

Pessoalmente, considero a ação dramática uma das características fundamentais do psicodrama e, especialmente em relação ao enquadre bipessoal, acho preocupante sua ausência. Tenho ouvido muitos colegas, professores-supervisores dizerem que não gostam e não dramatizam na ausência de um ego-auxiliar, ou munidos de objetos e almofadas. Não estou, preciso salientar, duvidando da eficácia de um psicodrama sem drama, pois sei que o sucesso de um tratamento reside em uma série de fatores. O que me surpreende é perceber como alguns colegas descartam um instrumental técnico tão fantástico como a dramatização, cujo valor terapêutico está sendo cada vez mais comprovado experimentalmente. Quero, portanto, comentar três aspectos terapêuticos da ação dramática que me parecem fundamentais:

Favorece uma descarga energética muscular, necessária para pacientes traumatizados por abusos infantis variados ou com sequelas de traumas por acidentes (desordens do estresse pós-traumático)

Os estudos sobre trauma e suas consequências duradouras na vida das pessoas têm provado, cada vez mais, que Moreno (1959, p. 239) tinha razão ao afirmar que "a fome de atos" é uma necessidade fisiológica do ser humano, tal como comer, beber, respirar.[17]

A resposta imediata a uma situação estressante18 dispara mecanismos de reação do sistema nervoso simpático, conhecida como "reação de alerta". O organismo animal se prepara para lutar ou fugir, a respiração se torna mais profunda, o sangue é levado do estômago e dos intestinos para o coração, para os músculos, os processos em curso no canal alimentar cessam, o açúcar é liberado das reservas do fígado, o baço se contrai e descarrega seu conteúdo, a hipófise estimula as suprarrenais e o organismo é inundado por hormônios (como a adrenalina, por exemplo). É uma preparação eficaz para a atividade e para o combate, como Walter Cannon já descrevia em 1939 e Paul MacLean reafirmou em 1952.

Estudos advindos do reino animal (Levine, 1999) nos mostram que, quando um animal é impedido de reagir, entram em funcionamento mecanismos arcaicos cerebrais, o cérebro reptiliano, provocando uma resposta de congelamento das funções vitais, simulando uma morte em vida. Esse artifício permite que o animal, fingindo-se de morto, consiga, às vezes, ser abandonado pelo predador, ou, no mínimo, certo tempo para desenvolver outra estratégia de fuga.

O mesmo ocorre, com algumas diferenças, no animal humano. O neurologista americano Paul MacLean descreveu, em 1952, a natureza tripartida do cérebro humano, resultado de nossa evolução filogenética (ver Figura 3).

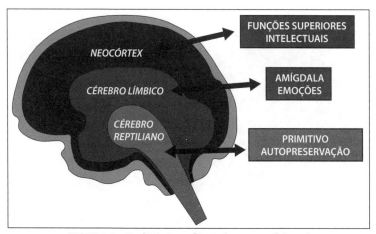

FIGURA 3 – Paul MacLean, "O cérebro visceral" (1952)

A haste do cérebro é o cérebro primitivo, reptiliano. É um remanescente de nosso passado pré-histórico, útil para decisões rápidas, que não exigem pensamento. O cérebro reptiliano focaliza-se na sobrevivência e é orientado pelo medo, entrando em ação sempre que estamos em perigo e não temos tempo para pensar. Num mundo em que sobrevivem os mais capazes, o cérebro reptiliano preocupa-se com a obtenção do alimento e em não se tornar alimento.

A camada central do cérebro é a parte límbica ou cérebro mamífero, raiz das emoções, do humor e dos sentimentos. Já o neocórtex é a parte do cérebro mais evoluída e adiantada. Ela governa nossa habilidade de falar, pensar e resolver problemas. O neocórtex afeta a criatividade e a capacidade de aprender, e abrange aproximadamente 80% do cérebro.

Como podemos ver, o cérebro humano é mais especializado; entretanto, como LeDoux e Van Der Kolk (1996) demonstraram, em situações traumáticas ele funciona de forma incompleta, pois o neocórtex sofre alterações funcionais, liberando hormônios que o tornam entorpecido (ver Figura 4).

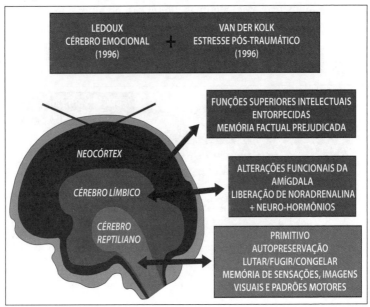

FIGURA 4 – Funcionamento cerebral e da memória no estresse pós-traumático

As memórias que são arquivadas neste momento carecem de verbalização, são formadas por sensações, imagens visuais e padrões motores, pois a linguagem é função neocortical.

Assim como o animal, o homem funciona com o cérebro reptiliano quando é impedido de reagir. O congelamento de funções vitais se manifesta por intermédio de uma respiração superficial e músculos endurecidos, simulando o *rigor mortis* e uma mente anestesiada, como se a pessoa fosse um zumbi. Só que, ao contrário do animal – que, passado o perigo, descongela por meio de um tremor corporal observável –, o ser humano intermedeia essas funções físicas, com pensamentos, sentimentos, emoções, lealdades invisíveis etc., produtos das duas outras camadas cerebrais que possui.

Muitas vezes, uma pessoa que foi estuprada, por exemplo, tem de disfarçar seu horror, conter seu choro, seu tremor, sua vergonha, mostrar para o mundo que nada aconteceu. Como resultado dessa não ação, seu corpo não se recupera do trauma e da impotência sentidos no momento do ataque. Falta uma ação de combate, de retomada do controle, que muitas vezes só é conseguida muitos anos depois, por meio da repetição ativa da violência ou abuso – mas agora no papel de abusador ou daquele que tem o controle (muitas adições são tentativas desastradas de simular controle).

A dramatização fornece a oportunidade dessa ação faltante, permitindo aos músculos uma descarga segura dessa necessidade corporal de retomada de controle. Lembro que o psicodrama foi uma das primeiras terapias corporais, e Moreno já dizia que o corpo se lembra daquilo que a mente esquece, sobretudo fatos que ocorrem nos primórdios da vida infantil, antes até do surgimento da linguagem. A melhor forma de recapturar memória de ações é por meio de métodos expressivos, que usam a pessoa inteiramente (corpo e mente) na ação.

Favorece a pesquisa ativa e responsável do paciente em relação à sua problemática

Como expliquei anteriormente, o impedimento de uma reação de combate gera uma postura letárgica e impotente diante da realidade. Desnecessário dizer que a maior parte dos nossos pacientes se sente assim em relação à própria vida. Parece que algo deve mudar, mas eles não se sentem capazes de empreender essa mudança.

Em muitas terapias verbais – quando sobretudo a interpretação é utilizada –, a chave do quebra-cabeça simbólico, do que significam aqueles sentimentos e pensamentos, de como eles se relacionam com o passado, presente e futuro, parece estar nas mãos do terapeuta. O paciente é paciente, espera que o terapeuta faça seu trabalho. Isso apenas reforça sua já aprendida fragilidade e impotência.

Bustos tem um quadrinho em seu consultório, com a seguinte frase: "O que foi dito de mim que não fui eu que descobri não me serve". Milton Erickson (1983, p. 45) – grande psicoterapeuta americano, criador da hipnoterapia moderna e inspirador das terapias sistêmica, estratégica, familiar etc. – também achava que a interpretação direta do terapeuta representa um estupro para o inconsciente do paciente, que manda um batalhão de defesas para dissociar, negar, ou seja, defender-se do jeito que puder. No inconsciente do paciente, penetramos indiretamente, pela porta de trás, com muito aquecimento e nunca antes dele mesmo.

Além disso, todos os pacientes têm uma parte saudável e combativa e, particularmente, faço meus pacientes saberem disso desde o início de nossos encontros. Sempre lhes pergunto o que querem trabalhar naquela sessão específica e os coloco para atuar as situações que escolhem trabalhar. Eles são pesquisadores ativos, assim como eu. Decifrar seu material, suas emoções, decisões é nossa tarefa conjunta, e frequentemente mais tarefa deles do que minha.

Oferece o elemento surpresa para um paciente acostumado a funcionar apenas com conservas defensivas

A dramatização não tem *script* predeterminado; o psicoterapeuta nunca sabe o que vai aparecer, muito menos o cliente. É comum ver-me surpresa com o que surge, e gosto muito de perceber a surpresa de meus pacientes. Também os surpreendo jogando papéis e contrapapéis de forma inesperada, buscando uma interpolação de resistên-

Vida e clínica de uma psicoterapeuta

cias muito útil para estimular respostas espontâneo-criativas, ou seja, novas respostas a velhas situações.

Moreno (1923, p. 54) já nos falava sobre o papel representado pela surpresa na ativação dos processos espontâneo-criativos. Milton Erickson (1983, p. 50), por sua vez, utilizava a confusão como uma técnica de indução para a hipnose. Ele pedia, por exemplo, que uma pessoa se visualizasse subindo num avião para os Estados Unidos e, no final da viagem, após várias consignas, solicitava-lhe para se ver descendo na Índia. Ele sabia que o fator surpresa desestabiliza as defesas intrapsíquicas, obrigando a mente a produzir uma energia responsiva diferente.

Nas situações traumáticas infantis ou mesmo acidentais, o elemento surpresa também está presente, forçando o paciente a erigir uma defesa que lhe restaure alguma sensação de controle. A cura, favorecida pela dramatização de alguma forma, se conduz pelo princípio homeopático de prescrever o mesmo fator responsável pela doença, mas com o objetivo de saná-la.

Não posso imaginar nada mais antimoreniano do que um terapeuta que ouça e interprete verbalmente seu paciente. No mínimo, seria preciso provocar uma ação interna, dentro do paciente, nos moldes de um psicodrama interno ou da terapia da relação de Fonseca, fazendo trocas de papéis sentados ou simbolicamente, favorecendo seu espanto e a surpresa, ainda que sem o benefício das associações musculares que a movimentação corporal fornece.

Para finalizar, quero lhes dizer que acredito que a ausência da dramatização em muitos psicodramas se deva mais ao desconhecimento de como e para que se dramatiza do que à dificuldade de fazê-lo sem egos-auxiliares, ou sem grupo. Supervisionando meus alunos, cheguei à seguinte lista das dúvidas mais frequentes em relação à dramatização:

- Como trabalhar questões pertinentes à relação terapêutica – contrato (hora, local, preço, reposições), pacientes que não querem dramatizar etc.?
- Qual o objetivo da dramatização? O objetivo é exploratório (como um átomo social), é experimental (treino de papéis) ou visa reparar danos narcísicos (dramatização de cenas infantis)?

- Como escolher uma cena para dramatizar? Quando o paciente fala muito, como se escolhe uma cena? É o terapeuta ou o paciente que faz essa escolha?
- Como articular o tempo na dramatização – ou seja, presente, passado e futuro? Como ir da queixa atual do paciente para o passado (cena regressiva), ou para o futuro (cenas temidas, desejadas), e depois voltar para o aqui e agora da relação com o terapeuta?
- Como aquecer o paciente e manter esse aquecimento durante toda a dramatização?
- Como decidir qual técnica, entre as clássicas, utilizar?
- É melhor um psicodrama com cena aberta ou um psicodrama interno?
- Como não se perder no meio da dramatização?
- Como fazer quando o tempo da sessão termina no meio de uma dramatização?
- Como finalizar uma dramatização?

Como se pode concluir, minha colega – a que disse que não importa qual seja o tema da mesa, o debatedor sempre fala aquilo que lhe interessa – tinha razão. Realmente acredito que a dramatização é uma das ferramentas mais importantes do psicodrama, e parece-me que alunos mais bem preparados em relação a esses tópicos têm menos medo de dramatizar e podem perceber as vantagens da utilização de técnicas de ação para ajudar seus pacientes.

5. Psicodrama das adições: a luta entre a parte adicta da personalidade e o verdadeiro eu[19]

Em parceria com Dinah Akerman Zimerman

Investigando psicodramaticamente as adições de nossos clientes, é surpreendente constatar que o conflito que surge entre a droga (objeto da adição) e a parte adicta da personalidade do cliente tem semelhanças com várias tragédias descritas na literatura clássica. É o caso do mito de Fausto, na versão de Goethe, por exemplo.

Resumidamente, trata-se da história do cientista Fausto, que, burlando as leis da Igreja na Idade Média, busca, de forma incansável e onipotente, desvendar o mistério da existência. Domina várias ciências, mas nenhuma delas sacia seu desejo de transformar-se em uma espécie de "Deus", com acesso ilimitado a tudo que ocorre na natureza. Consciente de seus limites humanos e inconformado, ele é abordado e seduzido por Mefistófeles (o Diabo), e compromete-se a entregar-lhe a alma em troca de conhecer e experimentar intensamente os prazeres mundanos e de ter o dom de controlar o tempo e as pessoas, fazendo-as oscilar segundo seu desejo. O resultado é funesto: por onde passa, Fausto espalha infelicidade. Por fim, descobre-se vítima da própria sede de onipotência, pois acaba ferindo a si mesmo e à única mulher que amou.

Assim como Fausto, a pessoa adicta procura burlar as regras do sistema, só que, neste caso, trata-se de burlar não apenas uma instituição, mas a própria natureza humana, desafiando sua vulnerabilidade essencial. Nós, humanos, somos impotentes diante da falta de lógica e justiça na distribuição de infortúnios e diferenças. É ao acaso ou à sorte que devemos atributos tais como a família em que nascemos, saúde, riqueza, beleza, inteligência etc. E, do futuro, temos apenas a certeza de nossa própria morte e a daqueles a quem amamos.

Analogicamente, temos que o verdadeiro eu[20] de um ser humano vende sua alma à parte adicta, em troca da promessa de alívio rápido para todas as tristezas, dores e frustrações que a vida normal ocasiona. Mais ainda, a observação de vários casos clínicos mostrou-nos que a pessoa potencialmente adicta parece acreditar que a vida dos outros seres humanos não é igual à sua e não produz as dores e decepções que ela experimenta. Ela se sente vítima da vida, necessitando de alguma ajuda extra para, enfim, tornar-se "normal". Na realidade, carece da capacidade de elaborar frustrações e lutos, tornando-se vítima, sim, mas de falsos alívios, vítima da droga-diabo, que lhe traz um bem-estar passageiro e uma prisão perpétua.

Por que alguém venderia sua alma ao diabo ou autoadministraria drogas que podem matá-lo ou aprisioná-lo e lesar sua saúde? Essa é a pergunta que nos motivou a estudar o tema das adições, e nossas conclusões serão descritas a seguir.

Histórico

Desde sempre plantas psicoativas foram usadas por nossos ancestrais com o intuito de buscar prazeres instintivos e/ou render tributos e cultuar deuses, como no ritual ao deus Baco, na Grécia. Sua proibição inicia-se na Idade Média, sob influência da doutrina judaico-cristã, e culmina no Iluminismo, quando seu consumo se torna crime e o Estado se encarrega de normatizar sua administração.

Um dos primeiros conjuntos de leis que regulamentaram o consumo de drogas data do início do século XX e se chamava "Três Convenções Irmãs da Organização das Nações Unidas". Nos Estados Unidos, a Lei Seca vigorou de 1919 a 1933, e foi lá também que se iniciou de forma mais sistemática o tratamento da adição com o surgimento da Associação dos Alcoólicos Anônimos (AAA), em 1935.

Essa organização foi criada por iniciativa de pessoas alcoólatras, em uma tentativa conjunta de conseguir resistir ao álcool. A simetria dos participantes (não há médicos, discursos competentes ou hierarquias de saúde) é a maior peculiaridade desse grupo; todos sofrem do mesmo mal, ninguém é melhor ou pior que o outro, ape-

Vida e clínica de uma psicoterapeuta

nas formam um grupo de pessoas que se olham mutuamente e se apoiam de igual para igual.

Durante as décadas de 1960 e 1970, o uso de substâncias psicoativas esteve ligado a comportamentos de rebeldia e contracultura, opondo-se ao modelo sociopolítico vigente. A partir de 1980, houve um significativo aumento na oferta de substâncias psicoativas sinteticamente elaboradas, o que fez disparar nos Estados Unidos novas políticas repressivas, ao passo que na Europa a postura política adotada é mais tolerante.

Interessante perceber, como postulam estudiosos da droga adição (Silveira, 2006, p. 14), que em situações em que o acesso às drogas é muito facilitado, e mesmo estimulado, existe uma tendência ao consumo descontrolado. Porém, o outro extremo é igualmente perigoso, pois o desenvolvimento de formas mais perigosas de consumo é desencadeado pela repressão, como é o caso dos Estados Unidos durante a Lei Seca.

Conceito

Historicamente, a prática aditiva foi considerada uma fraqueza moral de pessoas inábeis que não conseguem lidar com a realidade. Hoje, entendemo-na como uma doença de caráter físico, emocional, cognitivo e espiritual.

Outrora, o termo adição foi sinônimo de farmacodependência, ou seja, perda de controle no consumo de certas substâncias. O *Manual Diagnóstico e Estatístico de Transtornos Mentais* (DSM-5) postula que os transtornos relacionados a substâncias abrangem dez classes distintas de drogas: álcool; cafeína; cannabis; alucinógenos; inalantes; opioides; sedativos, hipnóticos e ansiolíticos; estimulantes; tabaco; e outras substâncias. O DSM- 5 removeu a divisão feita pelo DSM-IV-TR entre os diagnósticos de abuso e os de dependência de substâncias, reunindo-os como transtorno por uso de substâncias. Este somou os antigos critérios para abuso e dependência, conservando-os com mínimas alterações: a exclusão de "problemas legais recorrentes relacionados à substância" e inclusão de "*craving* ou um forte desejo ou impulso de usar uma substância". O diagnóstico passou a ser acompanhado de critérios para intoxicação, abstinência, transtorno induzido por medicação/substância e transtornos induzidos por substância não especificados. O DSM-5 exige dois ou mais critérios para o diagnóstico de transtorno por uso de substância e a gravidade do quadro passou a ser classificada de acordo com o número de critérios preenchidos: dois ou três critérios indicam um transtorno leve, quatro ou cinco indicam um distúrbio moderado e seis ou mais critérios indicam um transtorno grave.

A atual versão do manual passou a incluir os diagnósticos de abstinência de cannabis e de cafeína, e excluiu o diagnóstico de dependência de múltiplas substâncias. O transtorno por uso de nicotina foi substituído pelo transtorno por uso de tabaco. Foram removidos os especificadores "com dependência fisiológica/sem dependência fisiológica" e reorganizados os especificadores de remissão, reconhecendo como "remissão precoce" um período de pelo menos três meses, no qual nenhum dos critérios para o uso da substância (exceto o desejo) é atendido, e "remissão sustentada" um período superior a 12 meses. O manual também incluiu os especificadores que descrevem indivíduos "em um ambiente controlado" e aqueles que estão "em terapia de manutenção".

No DSM-IV-TR, o jogo patológico era apresentado como parte dos transtornos do controle dos impulsos não classificados em outro local, mas as crescentes evidências de que alguns comportamentos, tais como jogos de azar, atuam sobre o sistema de recompensa com efeitos semelhantes aos de drogas de abuso motivaram o DSM-5 a incluir o transtorno de jogo entre os relacionados a substâncias e adição.

Na atualidade, há uma tendência a classificar mais flexivelmente as adições para incluir outros comportamentos compulsivos,[21] como, por exemplo, adições à comida, ao jogo, ao sexo, às compras, ao trabalho, a pequenos furtos etc. – que também induzem a alterações de humor, isolamento social, vergonha e desespero. Estão surgindo termos como "distúrbios de espectro compulsivo", ou ainda "distúrbios de espectro afetivo", ou mesmo "descontrole de impulsos" – patologias cujo denominador comum é uma alteração primária de neurotransmissão serotonérgica.

Sabemos que todas as pessoas têm o potencial para se tornar adictas, pois a adição se fundamenta em um desejo normal de passar pela vida com menos dor e mais prazer. Começa quando uma pessoa abandona as formas naturais de se nutrir emocionalmente, utilizando objetos, e não pessoas. É uma forma simultânea e nada sutil de dizer: "Eu não confio nas pessoas"; "Não preciso encarar o que não quero"; "Tenho medo de encarar a vida e meus problemas"; "Objetos e eventos são mais importantes do que pessoas"; "Posso fazer tudo que quero, quando eu quero, não importa quem é ferido com isso" (nem que seja eu mesmo).

É um compromisso desesperado com um estilo de vida negativo, mas que assegura prazer em curtíssimo prazo.

Objetos da adição e alterações do humor

São inúmeros os objetos que, potencialmente, levam à adição: álcool, cigarro, comidas, drogas, jogo, sexo etc. A escolha do objeto da adição depende de sua disponibilidade. É muito comum o adicto trocar um objeto de adição por outro, como, por exemplo, trocar álcool ou cigarro por comida. Também é comum uma pessoa ser multiadicta (Black, 1990, p. 74). O Quadro 1 exemplifica as adições e seus objetos mais habituais:

Adicto	Objeto da adição
Alcoólatra	Consumo de álcool
Obeso ou anoréxico	Consumo de quantidades enormes de comida ou jejum
Jogador compulsivo	Jogo direto ou pela TV e internet
Ladrão de lojas	Pequenos furtos em lojas
Sexo	Pornografia e promiscuidade
Gastador compulsivo	Compras sem limite
Trabalhador compulsivo	Trabalho excessivo

QUADRO 1 – As adições e seus objetos

O que todos os objetos de adição têm em comum é o fato de produzirem uma mudança de humor rápida e prazerosa, que se dá em uma destas três direções:

1. **Excitação**: é um estado hipomaníaco, em que o indivíduo se sente todo-poderoso, onipotente, completo.
2. **Saciedade**: é um estado relaxado, pleno de uma sensação de estar alheio e anestesiado para a dor e o distresse.
3. **Transe**: é um estado alterado de consciência que propicia as duas sensações anteriores. É relativamente hipnótico e cria uma realidade virtual gratificante, na qual se experimenta um estado de espírito grandioso.

O fator sedutor e viciante dos objetos aditivos reside, em grande parte, no fato de eles produzirem essas alterações de humor rapidamente. Se o efeito da adição tardasse, ela não viciaria.

Desenvolvimento de adições

A adição é um processo; tem um começo definido e, apesar de confuso, passa por estágios de desenvolvimento e chega a um fim (que, às vezes, coincide com a morte do indivíduo).

Estágio I: mudança interna

A adição se inicia quando o adicto experimenta uma mudança de humor com o objeto da adição. Na realidade, todas as pessoas normais sentem essa mudança, mas para o adicto esse rápido escape de uma realidade dolorosa causa um impacto de intensidade incalculável. É uma ilusão, extremamente prazerosa, de alívio e evitação dos sentimentos negativos. Alguns jogadores, por exemplo, começam a se viciar após uma primeira partida em que tenham ganhado muito dinheiro.

A partir daí, uma obsessão mental começa a anteceder e gerar o comportamento adicto (atuar adicto ou *acting out*). Exemplo: estudar as corridas de cavalo, passar em ruas cheias de prostitutas, ir a lojas de comidas, ir a liquidações e lojas de roupas etc.

No estágio I, o adicto atua pouco e se comporta dentro dos limites socialmente aceitos. O objeto da adição é como um amigo que ajuda nas horas difíceis, despistando e/ou curando a dor.

Estágio II: mudança no estilo de vida

Neste segundo estágio, a pessoa viciada já pratica regularmente sua adição: bebendo, comendo, comprando, consumindo pornografia etc. O comportamento adicto se ritualiza[22], ou seja, começa a apresentar uma sequência de atos repetitivos. Rituais preservam comportamentos, exigindo que tudo seja feito na ordem certa; caso contrário, é preciso começar tudo de novo.

A personalidade original do indivíduo (verdadeiro eu) começa a mudar e se acomodar à personalidade adicta. As pessoas que se relacionam com o adicto já percebem que algo está errado, e, simultaneamente, ele começa a mentir, na tentativa vã de se justificar ou disfarçar. Mentiras comuns são, por exemplo, esconder comida, abrir contas secretas, procurar prostitutas, tomar tragos antes de ir para casa etc.

Cada vez que mente, o adicto se afunda mais em sua adição. Por fim, começa a culpar os outros e a negar o medo, a vergonha e a falta de controle pelo comportamento inapropriado.

Nesse estágio, a adição começa a perder seu poder de sedução. Apesar de ainda ajudar a evitar a dor, começa, aos poucos, também a causá-la.

Estágio III: perda total de controle

Neste terceiro estágio, a parte adicta da personalidade ganha controle total sobre o "verdadeiro eu", que já nem luta mais. O bem-estar obtido outrora com o objeto da adição sucumbe à vista do estresse causado pelas mentiras acumuladas, pela tensão nas relações interpessoais e pelo desprazer na ausência do objeto. O *acting out* adicto começa a trazer mais dor do que prazer.

O adicto só se sente em paz e segurança quando envolvido com seus rituais, evitando qualquer contato íntimo que possa revelar sua total deterioração. Por outro lado, ele teme ficar só, uma vez que não dá conta da própria vida. Busca parasitar familiares, manipulá-los para que satisfaçam suas necessidades e atuem como cuidadores. Tende a ser viscoso, insistente, pedindo outra chance ou fazendo-se de vítima.

Finalmente, acaba por perder o emprego e os amigos, pode vir a complicar-se com a lei e apresentar uma multidegradação financeira, de saúde e pessoal. Problemas no sistema gástrico, doenças sexualmente transmissíveis e suicídio são frequentes entre viciados crônicos.

Etiologia das adições

A etiologia das adições, tal qual é compreendida atualmente, é variada. Apontam-se algumas razões:

1. *Razões cognitivas*: falta de informação sobre os danos das drogas; distúrbios de pensamento e lógica.
2. *Razões emocionais*: ligadas ao desenvolvimento do paciente e à sua experiência de dependência infantil, abusos variados etc.
3. *Razões fisiológicas*: alterações na fisiologia e no funcionamento cerebral causadas pela intoxicação química.
4. *Razões genéticas*: há estudos sobre a possível influência genética no desenvolvimento das adições.
5. *Razões filosóficas e sociais*: que enfatizam a falta de sentido e valores da vida moderna, calcada em sucesso, falta de tempo, carência de relações humanas íntimas e solidão existencial.

Razões cognitivas: pensamento e lógica do adicto

As pessoas que têm uma estrutura de personalidade adicta podem apresentar distorções percepto-cognitivas (delírios, alucinações, humor inapropriado, comportamento anormal) muito semelhantes às que vemos na esquizofrenia, devido à intoxicação química do cérebro. Só que, ao contrário do esquizofrênico, que necessita tomar neurolépticos para o controle da doença, os adictos só se livram dos sintomas quando retiram a droga.

Confrontar, porém, o pensamento do adicto pode ser tão frustrante quanto confrontar o pensamento do esquizofrênico. Em geral, ele minimiza sua doença, alegando que seus problemas têm outras causas além da adição. É comum ouvir um adicto dizer que vai parar de beber quando quiser, que não há perigo em beber tanto ou tomar tantos tranquilizantes, ou que não gastou tanto dinheiro assim etc.

Seu pensamento é rígido, inábil para gerar decisões razoáveis em relação a si mesmo e funciona por meio de falsas polaridades – oito ou oitenta. Ele não chega a conclusões por intermédio de fatos; ao contrário, procura fatos que justifiquem seu vício (por exemplo, "meu marido me aborreceu, não me dá dinheiro, por isso bebo"). Familiares e amigos são facilmente seduzidos e enganados por essa lógica sutil e superficial do pensamento adicto, e frequentemente se tornam codependentes.

Um exemplo dessa sutileza lógica pode ser observado na seguinte argumentação de um paciente: "Não me sinto preparado para a AAA; seria desonesto ir e mentir que não bebo". Outro paciente, confrontado com a ideia de que não é correto uma pessoa se ferir, alega que o incorreto é sentir dor: o que conta é se livrar da dor.

Aliás, quanto maior o nível de inteligência do adicto, mais elaborados são seus argumentos e dissimulações. A lógica relativa à adição é um autoengano, uma mentira que permite ao adicto seguir com a adição. Aos poucos, entretanto, ele desanda para um sistema delirante, que o isola e afasta das pessoas à sua volta. Ele jamais reconhece essa sua forma viciada de pensar, motivo pelo qual a terapia em grupo é tão importante, já que favorece a observação de outras pessoas com idênticas inconsistências lógicas.

Razões emocionais (Dayton, 2000)

A história clínica de pacientes adictos mostra que eles vêm, com frequência, de famílias disfuncionais, em que pelo menos um dos pais é abusivo com seus filhos. Isso significa que esse adulto não respeita a hierarquia (Cukier, 1998) da relação pais-filhos, não protege as crianças e não as ajuda em seu desenvolvimento.

Crianças criadas nesses ambientes crescem com sentimentos generalizados de insegurança, baixa autoestima, desconfiança relacional, baixa tolerância à frustração,[23] inabilidade para lidar com conflitos[24] e solidão existencial. É o que Eric Ericson (1976) chamou de "sentido de segurança básica destruído".

Descreveremos, a seguir, os problemas que cada um desses sentimentos estrutura dentro da personalidade pré-mórbida do adicto, levando-o a se apegar irracionalmente a uma substância ou prática de adição.

Codependência

Em muitas famílias ditas "normais", e muito frequentemente na de adictos, uma ou mais crianças são precocemente "adultizadas", assumindo funções domésticas incompatíveis com sua idade e/ou cuidando de adultos doentes, adictos, desorganizados, irresponsáveis etc. Essa prática familiar acaba gerando um funcionamento interpessoal codependente, em que predominam condutas obsessivas e de controle. Normalmente o cuidador (pai ou mãe) adicto é abusivo consigo mesmo, com os filhos e com o cônjuge. Sua doença monopoliza a atenção de todos em casa, que ora se deixam controlar pelo seu comportamento, ora ficam obcecados por controlá-lo.

A pessoa adicta é atormentada pelo uso do objeto que lhe dá o prazer imediato: drogas, compras etc. Já o codependente é obcecado por controlar o dependente; ambos não desistem e insistem em ter um controle que, de fato, não possuem.

Na codependência e na adição encontramos o uso intenso de dois mecanismos básicos de defesas de *ego*: negação e racionalização. A negação consiste em não ver a realidade, negar o ruim da situação. No caso do alcoólatra, por exemplo, ele tenta negar que não tem controle sobre sua adição, que ela consiste numa doença mental e moral e o leva frequentemente a ser desonesto consigo mesmo e com os outros, e assim por diante.

Vida e clínica de uma psicoterapeuta

Já a racionalização faz que o adicto e o codependente encontrem várias outras razões falsas para esconder a verdadeira causa de seus problemas. Ela favorece a desordem cognitiva descrita anteriormente e reforça a negação da gravidade da doença. Também é comum uma pessoa adicta escolher um argumento racionalizador preferencial e utilizá-lo sempre. Por exemplo: "Eu bebo porque perdi um grande amor ou porque tenho alguma dor física crônica etc." Da mesma forma, os codependentes têm muitos argumentos ligados ao amor – a querer ajudar o parente adicto –, que apenas encobrem sua onipotência em julgar que podem mudar o comportamento alheio, quando eles mesmos resistem a qualquer mudança.

Em síntese, o adulto potencialmente adicto foi um dia uma criança codependente; teve de cuidar de pais viciados, reprimir seu desejo de ser cuidada quando criança, sua raiva e vergonha pela família disfuncional à qual pertenceu. Esse fato fica evidente quando começamos a conhecer a história dessas pessoas, pois facilmente perceberemos a recorrência do tema "vergonha" em sua vida. Essa vergonha é tóxica (Bradshaw, 1977), ou seja, não se refere exatamente a algo que o sujeito tenha feito, mas à baixa autoestima advinda desses primórdios da vida infantil.

Baixa autoestima

Pais ou cuidadores que negligenciam o cuidado da criança (Cukier, 1998), e/ou abusam física e psicologicamente dela, estimulam reações defensivas e sentimentos perenes de vergonha, inferioridade e inadequação. Isso se deve ao fato de a criança ter um funcionamento cognitivo egocêntrico e se autorreferir por tudo que está errado. Por exemplo, acha que os pais não lhe dão atenção e carinho porque ela não os merece, porque faz coisas erradas ou porque é uma criança má.

A maior parte dos adictos possui esses sentimentos antes da adição, e esta irá representar sua forma peculiar de combatê-los. Beber, drogar-se, fazer compras valiosas produzem, como já descrevemos no início deste capítulo, um bem-estar rápido e seguro; são remédios infalíveis contra uma visão distorcida de si mesmo, que só aponta para inferioridade, incompetência e desvalor.

Problemas relacionais: isolamento, rejeição, manipulação

A baixa autoestima das crianças abusadas na infância – sempre esperando críticas, rejeições, humilhações e esquecimentos – faz que muitas venham a se tornar adultos solitários, pessimistas, com raros amigos.

Já na infância, podem começar a manipular e mentir para obter pequenas coisas que, de outra forma, certamente não conseguiriam. Isso as torna *experts* na arte de enganar, até porque, projetando-se nas pessoas, acabam por acreditar que todos mentem e manipulam.

Perdem, por assim dizer, a tele relacional, não se importando com as necessidades alheias. Na realidade, elas não conseguem nem compreender por que os outros se ofendem, se afastam ou lhes fazem críticas. Sentem-se injustiçadas e acabam por impor enorme resistência – em forma de silêncio, mentiras e agressividade – à aproximação alheia.

Há como que uma parede de desconfiança entre o futuro adicto e o mundo; a adição vai representar uma artificial, porém bem-vinda, capa de euforia e superioridade que o protegerá em suas interações humanas. Com o tempo, tal qual uma profecia autocumprida, o próprio comportamento adicto afasta as pessoas desse indivíduo, e até mesmo sua família acaba se cansando e se afastando, exaurida pela frustração, dor e impotência.

Ao adicto acaba restando apenas os objetos e práticas adictas, que não fazem perguntas, não têm necessidades e não se queixam.

Hipersensibilidade

Anos de exposição a um ambiente relacional disfuncional, no qual vergonha e humilhação foram os instrumentos básicos da educação, acabam por criar no indivíduo adulto uma hipersensibilidade emocional, como uma queimadura de terceiro grau, invisível aos olhos alheios.

Por isso, circunstâncias que costumam gerar vergonha em pessoas normais provocam um curto-circuito naquelas com uma estrutura adicta de personalidade, confirmando o que elas já sabiam, ou seja, que são inferiores às outras. Parece que nada pode mudar um material defeituoso, já antevisto pelos primeiros e principais cuidadores, ou que vem de uma fábrica ruim (família disfuncional).

A adição a uma substância euforizante ou anestesiante pode ser especialmente útil para que essas pessoas hipersensíveis se sintam mais normais, menos reativas. Aliás, quem quiser se envolver no tratamento das adições precisa levar em conta essa metáfora da pessoa queimada, aprendendo a alternar o confronto com a realidade com o reforço e a validação de aspectos saudáveis da personalidade.

Baixa tolerância à frustração e inabilidade para lidar com conflitos

Crianças submetidas a famílias abusivas testemunham e experimentam, desde muito cedo, reações emocionais extremadas por parte de seus cuidadores. Controlar emoções fortes como raiva e ódio pode ser um dos problemas aprendidos nesses ambientes. Muitos pacientes adictos têm pouca habilidade para expressar seu desagrado diante de coisas erradas, oscilando entre calar, reprimir e explodir de forma agressiva.

Provavelmente sentir raiva foi proibido na infância ou conotado como pecado. Talvez a raiva fosse de alguém muito querido – pai, mãe ou irmãos –, que, por seu turno, era uma pessoa doente que não devia ser odiada. Uma cliente, por exemplo, ficava deprimida quando sentia raiva do pai, que era alcoólatra; em sua família, a regra era acobertar esse pai, jamais sentir raiva ou desdizê-lo, por ser um "coitado, doente".

Não sentir raiva, entretanto, é impossível, pois ela é fisiológica, reflexa e normal; sua função filogenética é preservar a ordem social das injustiças que seres humanos são capazes de cometer uns contra os outros. Não sentir raiva é uma negação em nível inconsciente, que pode, tempos depois, levar a uma adição igualmente inconsciente.

Pessoas adictas têm de manter um severo controle de suas emoções, sob pena de romper com o sigilo familiar, expor vergonhas ou ódios que seria mais conveniente guardar. A adição é utilizada, muitas vezes, para manejar esse controle, ora causando uma súbita mudança de humor, dissociando o sujeito de sensações que ele não tolera, ora como forma de perder o controle e explodir.

Depressão

A hipersensibilidade, agregada à necessidade de controle rígido das emoções negativas, faz que sobreviventes de dinâmicas familiares disfuncionais necessitem de breques emocionais especialmente eficientes.

Além disso, é frequente pessoas adictas apresentarem uma sensação vaga de injustiça, como se a própria vida fosse injusta ou faltasse cor à realidade. Às vezes atribuem essa insatisfação à abstinência, mas na verdade ela é anterior à prática adicta e delata expectativas frustradas sobre a própria vida.

Ligar-se a um objeto de adição representa, ao mesmo tempo, uma forma complexa de fazer justiça com as próprias mãos, acrescentar o tempero faltante na vida e/ou escapar, anestesiar-se, e não sentir as injustiças contra as quais se é incapaz de lutar.

Fica difícil, se não impossível, distinguir a depressão dos efeitos secundários da adição. Alguns autores acham até que todos os adictos são primariamente deprimidos e que, portanto, medicar a depressão basal é o primeiro passo no tratamento das adições.

Razões fisiológicas

Uma das teorias psicobiológicas mais aceitas é a do Reforço e das Vias de Recompensa Cerebral, que relaciona a dependência aos efeitos reforçadores e estimulantes das práticas de adição (Silveira, 2006, p. 31-33). O reforço pode ser positivo (sensação prazerosa causada pela ativação direta ou indireta das vias dopaminérgicas) ou negativo (quando alivia sintomas negativos).

Outra teoria bastante mencionada é a da tolerância, segundo a qual o uso constante de qualquer substância culmina numa dessensibilização de seus efeitos, seja por aumento da metabolização hepática ou por mecanismos de hipersensibilização neuronal. Neste último caso haveria sistemas de recompensa hiper-responsivos que gerariam o desejo exagerado, também conhecido por *craving* ou fissura. O resultado é a necessidade de doses cada vez maiores da mesma droga para obter os efeitos desejados.

Etiologia genética

Pesquisas feitas com familiares de alcoólatras e em gêmeos monozigóticos e dizigóticos evidenciam que há uma base genética molecular nas adições. Nos estudos sobre alcoolismo identificaram-se genes do receptor D2 (alelo A1), o DRD1. Entretanto, os autores concordam que fatores genéticos, por si só, são insuficientes na gênese do alcoolismo, sendo necessários outros fatores, como os ambientais (Messas e Vallada Filho, 2004). Não há muitos estudos sobre fatores genéticos e uso de outras drogas.

Razões filosófico-espirituais

É fato conhecido que animais não desenvolvem adições voluntariamente. Em relação à comida, por exemplo, eles comem apenas aquilo de que precisam. Por que será que a autoindulgência só acomete a nós, humanos?

Também somos os únicos na escala animal a apresentar necessidades espirituais, além das instintivas, ligadas à sobrevivência da espécie. Tédio, vazio, falta de sentido para a própria vida – essas são questões de natureza eminentemente humana e espiritual.

Yalon (1998, p. 173) descreve a questão da falta de sentido intrínseco da existência, por meio do que ele chama de quatro postulados do existir humano: 1) somos conscientes de que iremos morrer um dia; 2) somos livres e responsáveis por tudo que nos acontece; 3) somos entidades biológicas separadas e isoladas umas das outras; 4) nossa vida não tem nenhuma pré-programação, não sabemos seu sentido último, nem se existe algum.

Para Viktor Emil Frankl (1998), o homem, por ter consciência de sua finitude, procura dar um sentido à sua vida e se aprofundar em sua existência. A frustração dessa necessidade é um sintoma de nosso tempo, pragmático, materialista, individualista. O sofrimento e a falta de sentido configuram o vazio existencial que muitos experimentam.

Algumas substâncias e hábitos de adição causam um preenchimento imediato nessa sensação de vácuo, porém não a resolvem. A adição é o oposto da espiritualidade, pois, em vez de acrescentar sentido à existência humana, acaba por denegri-la e aviltá-la. Por isso, muitos adictos trocam sistematicamente de objetos de adição, acreditando, a cada substituição, que conseguirão curar o oco fundamental, a dor básica, ou seja, a falta de sentido de sua vida.

Tratamento das adições

Os estudos sobre adição são pessimistas quanto a sucessos terapêuticos. O índice de 25% de curas é o máximo relatado. Mas, para tal, todas as seguintes estratégias terapêuticas precisam ser utilizadas conjuntamente: 1) tratamento medicamentoso; 2) frequência a reuniões das AAA; 3) psicoterapia familiar; e 4) psicoterapia individual.

Cada intervenção que se tira desse pacote diminui a chance de sucesso, motivo pelo qual discutiremos cada uma delas em separado.

Tratamento medicamentoso

Uma relação médico-paciente, continente e acolhedora, é fundamental para o sucesso da terapêutica medicamentosa e precede as prescrições. Esse acolhimento pode ser individual ou grupal, mas tem de ser forte o suficiente para motivar os pacientes no difícil caminho que os espera, pleno de frustração, dor e sintomas de abstinência.

Vida e clínica de uma psicoterapeuta

Não existem psicofármacos para o tratamento da dependência de maconha e solventes voláteis, utilizando-se medicação somente para cuidar das comorbidades.

Quanto ao uso da cocaína, apesar de não haver uma terapêutica específica, costumam ser utilizados: a carbamazepina (CBZ), fluoxetina, paroxetina e antidepressivos tricíclicos. A escolha do psicofármaco deve levar em conta que é frequente a ingesta de álcool pelo usuário de cocaína e que a interação destes potencializa efeitos sedativos. O quadro a seguir sumariza os efeitos esperados para cada classe de medicação:

Tipo de medicação	Efeito esperado
Carbamazepina (CBZ)	Controle da impulsividade e prevenção de recaídas em pacientes motivados.
Topiramato	Reduz intensidade e duração da fissura.
Dissulfiram	Inibição da enzima B-hidroxilase, que converte dopamina em noradrenalina.

QUADRO 2 – Tipos de medicação e efeitos esperados nas adições à cocaína

No alcoolismo a síndrome de abstinência é relevante e geralmente tratada em regime de internação hospitalar. O paciente pode apresentar tremores, náuseas, vômitos, taquicardia, agitação psicomotora, convulsões e *delirium tremens* (fatal em 5 a 25% dos casos). Usam-se benzodiazepínicos, carbamazepina, neurolépticos e tiamina (vitamina B1); esta última é extremamente útil na prevenção da síndrome de Wernicke (um tipo de demência irreversível).

Na fase de manutenção, o papel da farmacoterapia é o de evitar a ingesta alcóolica; utilizam-se medicações que causam aversão ao álcool e redução do desejo de beber. Seu uso, entretanto, somente é eficaz com o consentimento do paciente, sendo completamente desaconselhada a administração escondida na alimentação ou em bebidas. O paciente tem de estar motivado e consentir o tratamento, caso contrário nenhuma intervenção funcionará. O Quadro 3 apresenta os efeitos esperados dessas medicações.

65

Tipo de medicação	Efeito esperado
Dissulfiram	Reação aversiva à ingesta. Bloqueio irreversível da enzima metabolizadora do álcool, causando o efeito antabuse, que é o acúmulo de acetaldeído no sangue com consequente desconforto, como náuseas, vômitos e cefaleia.
Naltrexone (Revia)	Reação aversiva à ingesta. Esse antagonista opioide está relacionado ao mecanismo que reforça o beber, agindo no centro do mecanismo de recompensa-prazer causado pela droga. Ainda não se sabe de sua eficácia em longo prazo.
Acomprosato	Eficaz para causar aversão. Age em vários sistemas.
Topiramato	Eficaz no tratamento da dependência e síndrome de abstinência.

QUADRO 3 – Tipos de medicação e efeitos esperados nas adições ao álcool

No tabagismo, a farmacoterapia visa aliviar a sintomatologia causada pela retirada da nicotina. Existem duas classes de medicações: aquelas que repõem a nicotina e as não nicotínicas.

No primeiro grupo – repositores de nicotina – são já tradicionais: adesivo transdérmico, *spray* inalado, goma de mascar e tablete sublingual. No Brasil, há a goma de 2 mg (usa-se de 10 a 15 mg ao dia) e adesivos de 7, 14 e 21 mg.

Já no grupo das medicações não nicotínicas, a mais consagrada é o antidepressivo Bupropiona, que diminui a fissura. Também podem ser utilizadas, sem tanta eficácia, entretanto, a Clonidina, a Nortriptilina e o Varenicline (Champix é o nome popular) – um ativador do receptor nicotínico, que alivia a fissura e os sintomas de abstinência. O quadro a seguir sumariza as medicações antitabaco.

Tipo de medicação	Efeito esperado
Repositores de nicotina Adesivo trasndérmico *Spray* inalado Goma de mascar e tablete sublingual	Aliviar a fissura e os sintomas de abstinência.

QUADRO 4 – Tipos de medicação e efeitos esperados nas adições ao tabaco

Quanto à adição ao ópio e derivados, usa-se, na fase de desintoxicação, a técnica de substituição farmacológica destes pela Metadona ou pela Buprenorfina. Nessa fase, evita-se o uso concomitante de antidepressivos e álcool, uma vez que altera o nível sanguíneo dos opioides, causando sintomas de abstinência ou overdose.[25]

A fase de manuten-ção, nesse tipo de adição, pode durar anos e somente se considera a retirada total dos opioides quando o paciente estiver engajado num estilo de vida diferente daquele que apresentava quando era usuário. Costumeiramente o paciente com drogadição de opioides enfrenta muitas recaídas e necessita de forte apoio afetivo familiar.

Medicação antidepressiva

A depressão dos adictos é difícil de ser diagnosticada inicialmente. Até porque muitos pacientes chegam ao consultório bem-dispostos, queixando-se de algum problema relacional, raramente reconhecendo a dependência como seu problema principal. Ao contrário, eles sentem a droga ou o objeto da adição como uma amiga que ajuda circunstancialmente e que pode ser mandada embora quando não for mais necessária.

A depressão vem mascarada por essa automedicação e é difícil abordá-la. Temas como injustiças da vida, azar, perseguição dos outros etc. costumam ocupar as primeiras sessões. Quando a droga é abordada e a abstinência se inicia, ocorre um caos emocional, com depressões frequentes. É preciso paciência por parte do adicto e da família e muita continência do terapeuta.

Os estudos mostram que muitos adictos precisam atingir o "fundo do poço", ou seja, uma experiência-limite de destruição da própria vida (perda de emprego, do casamento, dos filhos, ser encontrado bêbado na rua, ser preso por dívidas etc.), para acreditar que não têm controle sobre a adição e começar a querer se tratar.

Essa experiência catastrófica é terapêutica porque o ser humano costuma gravitar de uma situação estressante para uma menos estressante. A abstinência, de início, é antinatural, porque é menos gratificante do que o estado de *high* que a droga propicia. É como pedir a alguém que jogue fora sua joia mais preciosa.

É somente após chegar ao "fundo do poço" que essa relação, às vezes, se inverte e a percepção do que é pior muda. O adicto fica assustado com sua total decadência e começa a querer fazer tudo para evitar esse final catastrófico novamente.

A crise ("experiência de fundo do poço") abre uma rachadura no muro de proteção delirante da cognição adicta. É uma rara chance de contato com a verdadeira pessoa, mas, tão logo a crise passe, a rachadura se cicatriza e o sistema delirante de novo toma o controle. Infelizmente, a maior parte das famílias de adictos, pensando em proteger sua imagem, acoberta-o, não deixando que ele viva essa experiência autodestrutiva. O trabalho com famílias de adictos visa conscientizá--las de que sua codependência prejudica mais do que auxilia.

Se já antes o paciente tinha a sensação de realidade injusta, tédio e vazio, após a abstinência essa insatisfação toma proporções macroscópicas. Muitos autores indicam a medicação antidepressiva como o passo inicial no tratamento, até anterior à abstinência, acreditando que ela ajudará o adicto a tolerar a dor de encarar sua realidade. Antidepressivos são muito recomendados, pois não viciam. Já os benzodiazepínicos devem ser evitados, uma vez que viciam, e é preciso muito cuidado para não substituir uma adição por outra.

A abstinência é um desafio formidável e muito difícil, porque exige que:

Vida e clínica de uma psicoterapeuta

a. o adicto perca a confiança de que pode controlar a adição; ele precisa saber que seu senso de realidade está distorcido e que não pode contar consigo mesmo. A experiência-limite representa um tombo doloroso e ensina mais do que mil conselhos. O terapeuta deve ajudar o paciente a chegar a essa conclusão;

b. adictos precisem submeter sua percepção à de outra pessoa para verificar se o que percebe realmente existe. Isso implica deixar-se controlar por um outro (marido, AAA, terapeuta etc.), tarefa especialmente difícil para quem se desenvolveu num ambiente disfuncional, que o adestrou no sentido oposto.

Patologias de controle de impulso (DSM-5, 2014, p. 461)

Em relação às patologias de controle de impulso (jogo patológico, compras compulsivas, cleptomania), imperam reações rápidas e não planejadas, caracterizadas pela desinibição comportamental.

O tratamento farmacológico para jogo patológico foca nas comorbidades e no controle da fissura. Os antidepressivos são usados com frequência, em virtude de depressão. Escolhe-se preferencialmente os inibidores seletivos de recaptação de serotonina (ISRS). Estabilizadores de humor quando há transtorno afetivo bipolar também são usados, e para fissura, a Naltrexona.

A oniomania (compras compulsivas) apresenta muitas comorbidades com transtornos do humor, dependências, transtornos alimentares e de personalidade. Acredita-se que há envolvimento de vias dopaminérgicas e usam-se Citalopram e outros ISRS.

O tratamento farmacológico para cleptomania envolve antidepressivos tricíclicos, ISRS, Lítio, Topiramato e Ácido Valproico. Porém, o único fármaco testado em estudo controlado é a Naltrexona.

Os transtornos alimentares são caracterizados por anorexia e bulimia nervosas e transtorno da compulsão alimentar periódica (TCAP). O tratamento da anorexia é obrigatoriamente multidisciplinar e a equipe abriga psicólogo, nutricionista e psiquiatra. A droga de escolha é a Fluoxetina, porém a Olanzapina tem sido largamente utilizada, contribuindo para diminuir a ansiedade e aumentar o apetite. Se houver comorbidade, deve-se evitar o uso de tricíclicos em razão de sua toxicidade e interação medicamentosa e da Bupropiona por risco de crises convulsivas. Elegem-se os ISRS.

O tratamento da bulimia envolve orientação em relação às práticas bulímicas, que vão de complicações dentárias a sangramentos gastrointestinais por uso de laxantes e inibidores de apetite. O uso do Topiramato é recente e vem demonstrando resultados eficazes. Utilizam-se também tricíclicos e inibidores da recaptação de serotonina e noradrenalina (IRSN). Os ISRS mais utilizados são a Fluoxetina e Fluvoxamina.

O tratamento do TCAP visa ao controle da impulsividade alimentar e inclui antidepressivos (Fluoxetina, Sertralina e Fluvoxamina), estabilizadores de humor e promotores de saciedade (Sibutramina).

Associação dos Alcoólicos Anônimos (AAA)

Adictos confundem e seduzem pessoas normais com sua lógica aditiva. Por isso a importância da terapia em grupo homogêneo, já que ela obriga a "um confronto entre iguais", primeiro fator terapêutico entre os vários descritos a seguir, responsáveis pelo sucesso das AAA no mundo todo:

a. ver-se refletido, tal como num espelho, é extremamente terapêutico, pois permite a crítica, ao outro, de aspectos que não se podem admitir em si mesmo;

b. a ausência de hierarquias superior/inferior e o fato de todos no grupo compartilharem a mesma adição e a mesma vergonha por experiências abusivas intrafamiliares facilitam a abordagem do próprio problema: "Sou um entre muitos, e não o único fraco da turma". Também favorece o reconhecimento de valores e mitos familiares que estimulam a adição. Por exemplo: um homem só é homem se bebe; ter coisas é ter amor etc.;

c. a filosofia de 12 passos da AAA postula o poder espiritual de um ser superior protetor e sábio (pode ser Deus, a natureza, a saúde etc.). Esse viés espiritual é fundamental para abordar a "insegurança básica do adicto", naturalmente desconfiado de seres humanos e de si próprio. Já nas primeiras reuniões, os frequentadores reconhecem que não têm controle sobre sua doença, mas que um ser superior tem e os ajudará;

d. a noção de tempo veiculada nas AAA – "Vive-se um dia de cada vez" e "Só por hoje não vou utilizar o objeto da minha adição" – atende perfeitamente à enorme dificuldade do adicto de retardar a gratificação. Sua lógica emocional só contém o presente, o agora! Essa concepção de tempo alterada é a responsável pelo conhecido argumento: "Eu posso parar a adição sempre que quiser". Na realidade, pode mesmo. Todos os adictos são especialistas em parar milhões de vezes, fazer novas resoluções sobre a vida e retomar a adição depois. É um círculo vicioso que pode continuar por anos;

e. o grupo suporta recaídas e acolhe o recomeçar, sempre tão difícil quando alguém precisa superar uma adição;

f. as AAA auxiliam na discriminação de rituais de adição e estimulam que certos locais, em certas horas, sejam evitados, como, por exemplo: bares, bingos, lojas, ficar sozinho à noite em casa[26] etc.

Psicoterapia familiar e/ou grupos de apoio às famílias de adictos

Famílias de pessoas adictas, com frequência, estimulam, indiretamente, a utilização de drogas e abrigam psicodinâmicas relacionais disfuncionais, codependentes e de muito sofrimento. O estímulo ao uso de drogas pode, por exemplo, advir de hábitos familiares, aparentemente banais, tais como: uso excessivo de automedicação, beber socialmente, tabagismo, utilização de cafeína como estimulante, utilização de comida para gratificação e conforto emocionais, excesso de trabalho etc. Crianças e jovens crescem observando adultos buscarem alívio de seus conflitos e dores nessas práticas que podem se transformar em modelos futuros de conduta.

Além disso, o convívio com pessoas adictas é muito destrutivo e demanda auxílio específico. Nas AAA, há grupos destinados a apoiar familiares de alcoólicos e adictos. São eles: o Al-Anon (grupos para familiares e amigos de alcoólicos) e Nar-Anon (grupos para familiares de adictos do Brasil). Nesses grupos, aprende-se a lidar com a psicodinâmica da codependência. Seus ensinamentos fundamentais são:

- ninguém é responsável pela doença de outra pessoa, nem pela sua recuperação;
- não se deve sofrer em virtude dos atos e das reações de outra pessoa;
- não se deve permitir que sejamos usados ou abusados no interesse da recuperação de outra pessoa;
- não se deve fazer pelos outros o que eles devem fazer por si mesmos;
- não se deve manipular as situações de forma que os outros comam, durmam, se levantem, paguem as contas, não bebam;
- não se deve encobrir os erros ou os malfeitos de outra pessoa;
- não se deve criar uma crise;
- não se deve impedir uma crise, se ela estiver no curso natural dos acontecimentos.

As famílias são monitoradas para certo desligamento emocional, a fim de se proteger e permitir que o adicto experimente o "fundo do poço", experiência-limite que pode, eventualmente, ajudá-lo. Temas como lealdade, vergonha, culpa, segredos são compartilhados nos grupos, e os resultados costumam ser muito bons.

Psicoterapia individual

Não é fácil abordar terapeuticamente pessoas adictas, devido à impenetrabilidade dessa mente dominada por uma lógica e cognição tendenciosas e por alterações na concepção de tempo.

O que conseguimos, em geral, é uma aparente melhora de início, seguida de recaídas na droga e abandono da terapia. Destacamos, aqui, um fato ocorrido com um paciente, um homem obeso que perdeu 70 kg em três anos de psicoterapia individual; recuperou-os em dois meses e abandonou o tratamento no final. Prevenir recaídas deve ser tarefa constante, desde o início da terapia.

Acreditamos que o psicoterapeuta que atende pessoas adictas precisa ser bastante humilde para admitir que sozinho não dará conta do recado. O prazer que a droga propicia seduz muito mais do que uma hora semanal de trabalho reflexivo. É preciso, no mínimo, ter a assessoria de um médico psiquiatra e incluir as AAA em algum momento da terapia. Isso vale tanto para o paciente quanto para sua família.

Deve-se, também, evitar, a qualquer custo, o sedutor papel de "salvador do mundo", controlador da ingestão da droga, da dieta, das despesas etc. – sob pena de se ver agarrado pela psicodinâmica codependente e perder operatividade. Essas são questões e práticas que podem ser discutidas na psicoterapia, mas não é função do terapeuta controlá-las.

Conquistar a confiança do adicto é o primeiro passo, e isso inclui avisar que ele sentirá muito desconforto durante a psicoterapia, talvez tenha de ser medicado e, em algum momento, precisará frequentar as AAA. Se o paciente não concordar com essas condições, é melhor não aceitá-lo em psicoterapia e guardar "a única bala do gatilho" para outra ocasião, quando ele realmente quiser se tratar.

Psicodinâmica das adições: verdadeiro eu ("eu") *versus* adicto (parte adicta da personalidade)

Na psicoterapia de adictos, estão presentes, o tempo todo, duas personalidades: uma que quer muito colaborar ("eu") e outra que, sub-repticiamente, busca boicotar, mentir e acabar com qualquer esforço para afastá-la das drogas (parte adicta).

O processo de adição inicia-se fortuitamente ou a partir de algum desconforto. O objeto ou a prática de adição cria uma sensação de bem-estar, perfeição, pelo menos por um tempo. O "eu" se sente culpado, ansioso. Essas são características iniciais de alerta que, infelizmente, com o passar do tempo, deixam de atuar.

Cada vez que a parte adicta atua, a personalidade adicta ganha um pouco mais de controle. O "eu" desaprova essa forma de agir, sentir e pensar, mas adora a mudança de humor que o objeto de adição proporciona; faz promessas de controlar o adicto com sua força de vontade e às vezes consegue, mas acaba sucumbindo à personalidade adicta.

Aos poucos, o "eu" fica menos tolerante ao desconforto, e qualquer frustração já é vivenciada com dor, sinalizando a hora de procurar o objeto da adição.

A adição ocorre pela negação da dor emocional e por uma recusa em depender de seres humanos para obter alívio. O adicto não se importa com a mulher e os filhos, nem mesmo com o próprio *self*, que pode ficar doente e até morrer. O sonho da parte adicta é escapar da dor, obter paz, perfeição sensorial e satisfação imediata; o "eu" sonha em controlar o adicto. Até que o "eu" vai perdendo energia, desiste e se entrega.

Trata-se de um círculo vicioso: quanto mais o "eu" procura alívio na adição, mais vergonha e culpa sente, mais se desestima, aumentando sua dor e desconforto iniciais. Aí de novo busca alívio na prática da adição, e o ciclo recomeça. A Figura 5 ilustra esse processo:

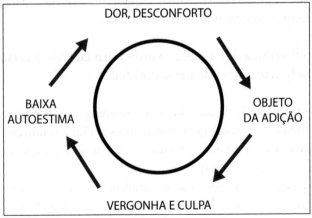

FIGURA 5 – Círculo vicioso da adição

Para que possamos realmente começar uma psicoterapia, o paciente precisa entender esse ciclo e perceber que não tem controle sobre a adição. O lado adicto é muito mais forte e articulado e, mesmo em abstenção, sempre será uma ameaça para o *self.*

Psicodrama e adições

Estudos com animais e pacientes traumatizados (Mary, 2004; Van der Kolk, McFarlane e Weisaeth, 1996) sugerem que psicoterapias vivenciais são mais efetivas do que terapias apenas verbais. Isso porque,, conforme já dito anteriormente, os cérebros traumatizados funcionam de forma diferente do normal, desativando os núcleos responsáveis pelo pensamento lógico-racional (neocórtex) e superativando os centros ligados à sobrevivência humana, áreas do tronco cerebral, mais primitivas.

A dramatização permite aos músculos uma descarga segura dessa necessidade corporal de retomada de controle. É preciso salientar que o psicodrama se situa entre as primeiras terapias corporais. Moreno (1992, p. 187) já dizia que o corpo se lembra daquilo que a mente esquece, sobretudo fatos que se passam nos primórdios da vida infantil, antes até do surgimento da linguagem. A melhor forma de recapturar memória de ações é por meio de métodos expressivos, que usam a pessoa inteira (corpo e mente) na ação.

Acrescente-se, ainda, que o psicodrama, por ser uma abordagem existencial e relacional, oferece ao paciente a chance de estabelecer um vínculo humano significativo e confiável, em vez de utilizar o objeto da adição. Por intermédio de um movimento dialético que ora pesquisa no passado as feridas relacionais do paciente e suas defesas caracterológicas, ora volta para o aqui e agora de uma relação continente e validadora, o psicodrama é um recurso muito hábil para iluminar e discriminar as distintas personalidades e processos em luta dentro do adicto. A seguir descreveremos alguns casos ilustrando a utilização do psicodrama com adições.

Nas entrevistas

Os pacientes que nos procuram não sabem o que é psicodrama – muitos nem mesmo sabem o que é psicoterapia. É bastante provável que a grande maioria das pessoas leigas ache que apenas deva estar conosco e contar sua vida para que possamos lhe apresentar a solução para seus problemas mais íntimos. Além disso, há certo temor de nossa profissão, pois somos vistos como uma espécie de bruxos que podem ler almas, ou como pessoas arrogantes que se sentem superiores às outras.

Precisamos auxiliar nossos pacientes a saber quem somos, a ter confiança naquilo que fazemos, bem como ajudá-los a conhecer nossos instrumentos de trabalho. Confiança e conhecimento se constroem aos poucos, motivo pelo qual realizamos no mínimo três entrevistas antes de aceitar um cliente para um contrato de psicoterapia.

Fazemos uma ou duas entrevistas verbais, um átomo social – que introduz o paciente no psicodrama – e uma entrevista final devolutiva, em que sumarizamos nosso parecer e estabelecemos o contrato de trabalho. Especificamente com o paciente adicto, realizamos, quando possível, além das entrevistas verbais, três átomos sociais diferentes: 1) um átomo social tradicional; 2) um átomo social durante a adição; 3) um átomo familiar de adições, ou genograma das adições.

Vida e clínica de uma psicoterapeuta

OBJETIVOS

Explorar o contexto sociométrico no qual o paciente está inserido e treinar para futuras dramatizações. É importante saber quem são seus egos-auxiliares naturais, aqueles que poderão apoiá-lo caso esteja deprimido, e, também, que espaços sociométricos estão faltando em seu entorno social. Às vezes percebemos uma pessoa adulta cercada da família primária, mas sem amigos, como se fosse uma criança aos cuidados de sua família.

FICHA TÉCNICA

a. Após um breve aquecimento inespecífico, de preferência em movimento, do tipo andar, estirar-se etc., coloca-se uma almofada, cadeira ou banquinho no centro da sala, representando o próprio cliente.

b. Pede-se ao cliente que mostre as relações mais importantes de sua vida atual e que as coloque numa ordem de proximidade, de acordo com a importância afetiva que elas têm. Ex.: tiro ao alvo.

c. Pede-se ao paciente que entre em seu papel e se dê conta de como se sente no centro daqueles relacionamentos. Que mudanças precisam ser feitas para que ele se sinta mais feliz?

d. Em seguida, pede-se que o cliente, em seu próprio papel, diga à mesma pessoa que posicionou como é sua relação com ela. Podemos fazer uma sugestão emocional, do tipo "Se você tivesse de dizer uma frase do fundo do coração para essa pessoa, o que diria?".

e. Depois, sugere-se que o paciente troque de papel e assuma ser cada uma das pessoas em questão.

f) O importante é fazer um breve aquecimento, por meio de entrevista, para auxiliar o paciente a incorporar os diferentes papéis. Por exemplo: "Como é seu nome? Que idade você tem? Como você é fisicamente? O que você acha do meu cliente? Diga-lhe hoje o que você normalmente não fala, mas pensa sobre ele".

g. Se o protagonista tiver muitos personagens, pede-se que ele escolha entre os principais.

h. Muitas outras perguntas podem ser dirigidas aos personagens, de acordo com os aspectos que o terapeuta deseja investigar. É importante observar não só o material verbal obtido por meio desse recurso, mas também toda a atitude corporal do paciente, as distâncias definidas por ele e as sutilezas das personalidades dos diferentes personagens que ele vai revelando. Comparar o átomo social do cliente no início e no fim da terapia é um ótimo recurso de avaliação do processo terapêutico.

Rosa Cukier

> ## ÁTOMO SOCIAL DURANTE A ADIÇÃO
>
> ### OBJETIVOS
>
> Explorar o contexto sociométrico no momento da adição e quem são os egos-auxiliares que seduzem e apoiam a prática aditiva. É importante que o paciente perceba como seu panorama social muda quando resolve se drogar e o que acontece com seu átomo relacional original.
>
> ### FICHA TÉCNICA
>
> a. Após um breve aquecimento inespecífico, de preferência em movimento – do tipo andar, estirar-se etc. –, coloca-se uma almofada, cadeira ou banquinho no centro da sala representando o próprio cliente.
>
> b. Pede-se ao cliente para que mostre suas relações quando se droga ou quando pratica sua adição. Pedimos que ordene essas relações por proximidade, de acordo com a influência que exercem em sua adição. Pode-se dar o exemplo do tiro ao alvo de novo, e mostrar como isso é feito com as almofadas.
>
> c. Pede-se ao "paciente que entre no seu papel e se dê conta de como se sente no centro daqueles relacionamentos. Podemos pedir-lhe também que olhe para o seu átomo social original (minimizado num canto da sala) e veja as mudanças que ocorreram.
>
> d. Em seguida, pede-se que ele diga para a primeira pessoa que especificou como é sua relação com ela. Podemos fazer uma sugestão emocional, do tipo: "Se você tivesse de dizer uma frase do fundo do coração para essa pessoa, o que diria?"
>
> e. Depois, sugere-se que o paciente troque de papel e assuma ser cada uma das pessoas em questão. O importante é fazer um breve aquecimento, por meio de entrevista, para auxiliar o paciente a incorporar os diferentes papéis. Ex.: "Como é seu nome? Que idade você tem? Como você é fisicamente?" Se o protagonista tiver muitos personagens, pede-se que ele escolha entre os principais. Muitas outras perguntas podem ser dirigidas aos personagens, de acordo com os aspectos que o terapeuta deseja investigar.

Genograma das adições

Objetivos: pesquisar a presença de hábitos de adição, compulsivos e/ou abusivos, geradores de vergonha no átomo familiar do paciente.

Ficha técnica: pede-se ao paciente que dê uma nota de 1 a 10, indicando a presença dos seguintes comportamentos em alguma pessoa de sua família: adições (bebida, drogas, compras, comida, trabalho etc.);

perfeccionismo; procrastinação; raiva; vitimização; depressão; compulsão; suicídio ou qualquer outro hábito disfuncional.

Tanto o átomo social durante a adição quanto o genograma das adições auxiliam o terapeuta e o paciente a focalizar a extensão dos danos e sua influência familiar; também ajudam a prevenir recaídas, pois concretizam, de forma até óbvia, pessoas e situações que o adicto deve evitar se não quiser recair na adição.

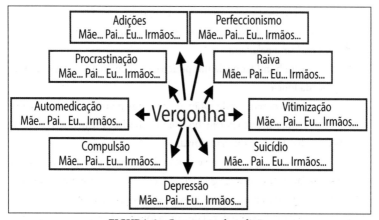

FIGURA 6 – Genograma das adições

No início da terapia: discriminar o *self* e o adicto

Utilizando máscaras

V., 35 anos, divorciada, obesa, dois filhos, é proprietária de uma empresa que enfrenta sérios problemas administrativos. Queixa-se de crises de bulimia nervosa[27] que não consegue controlar. Nessas ocasiões, devora tudo que aparece em sua frente: salgados, doces, frutas, sorvete etc. "São momentos de loucura gastronômica", diz ela, "engordo tudo o que perdi com dieta e exercícios".

Logo nas primeiras sessões, T. (terapeuta) disse que gostaria de trabalhar[28] "essa gorda louca que aparece de madrugada". Pediu-lhe que montasse a cena onde aconteceu a última aparição da "louca". Ela dispôs a cozinha de sua casa, na noite anterior. Estava sozinha, procurando dentro da geladeira e no armário tudo que pudesse colocar para dentro.

Após a montagem detalhada do espaço da cozinha, T. pediu-lhe um solilóquio:

V. (em solilóquio, um minuto antes) – *Estou triste, sozinha e com medo do que vai acontecer amanhã* (refere-se a um problema grave na empresa).

T. – Ok, agora continue o solilóquio, mas vá para a cozinha, até a "gorda louca" aparecer.

V. (em solilóquio) – *Quero dormir, apagar, não quero mais pensar no que será amanhã.* Neste momento, para e diz à T.: – *A "gorda louca" começa a abrir a geladeira.*

T. – Muito bom! Congela um pouco e escolhe uma máscara para ser esta "gorda louca".

V. vai até a parede onde estão as máscaras penduradas e, cuidadosamente, pega um rosto gorducho, com bochechas vermelhas e pena na cabeça, e diz: *É esta aqui, sem dúvida!*

T. – Vista-a um pouquinho e olhe de longe esta cena: V. está sozinha, preocupada, triste e vai até a geladeira (T. coloca uma almofada para marcar o papel da paciente), e aí você aparece, entra em cena e fala com V.

V. (com a máscara no papel de gorda louca) – *Vim te ajudar, querida* (de um jeito bem espalhafatoso). *Sou sua amiga, querida. Sempre te entupo de algo e faço dormir, vem que eu vou te ninar.*

T. – Troque de lugar um pouco, tire a máscara (T. coloca a máscara sobre a almofada e V. assume seu próprio lugar à porta da geladeira).

V. (como V. para a "gorda louca") – *Vá embora de mim, você não me ajuda. Eu preciso emagrecer para mudar minha vida e você não deixa, continuo gorda e sozinha! Vá embora, eu te odeio!*

Depois de mais algumas inversões de papel para aprofundar as características desses aspectos cindidos de V., T. pede a ela que saia da cena e observe, enquanto dispõe duas almofadas, uma com a máscara e outra sem, e repete o diálogo rapidamente (para não desaquecer a paciente). Depois diz: "Estas duas partes são tuas, V.; uma te traz para a terapia, a outra te propõe a adição. Precisamos conhecê-las melhor e é o que faremos daqui para a frente".

Executando duplos da parte adicta

É muito útil executar duplos da parte adicta, ressaltando, sobretudo, o caráter paradoxal desse lado da personalidade.

Gorda louca – *Traga-me sua dor, eu vou te dar alívio.*
T. (como duplo de V. no papel de gorda louca) – *Traga-me sua dor, eu te darei a ilusão de alívio.*
Gorda louca – *Eu te farei livre.*
T. (como duplo de V. no papel de gorda louca) – *Serei o seu único patrão.*
Gorda louca – *Fique um tempo comigo, você pode confiar em mim. Em ninguém mais você pode confiar.*
T. (como duplo de V. no papel de gorda louca) – *Passe um tempo comigo e eu te ensinarei a não confiar em ninguém.*
Gorda louca – *Eu te ensinarei uma forma de não encarar os problemas.*
T. (como duplo de V. no papel de gorda louca) – *Você se livrará dos problemas por um tempo curto, mas eles não irão embora.*

Com o tempo T. pode propor que o próprio paciente faça o duplo da parte adicta, de forma a introjetar um raciocínio menos viciado pela lógica da adição.

Escrevendo cartas

Escrever cartas é uma ótima forma de discriminar partes – o escritor e o leitor. É um excelente recurso estratégico para manter o aquecimento entre as sessões. No caso da adição, podemos sugerir que as cartas sejam escritas em várias direções:

- da parte adicta para o *self*;
- do *self* para a parte adicta;
- do corpo para a parte adicta;
- do objeto da adição para o *self*;
- de vários integrantes do átomo social para o *self*;
- da parte adicta para as relações familiares mais íntimas etc.

Construindo metáforas da parte adicta

W., 42 anos, homossexual, homem extremamente bem-sucedido profissionalmente, tem um parceiro com quem mora há 20 anos. É "sexo-adicto", apresentando compulsões eventuais de sair de madrugada e ter relações sexuais com pessoas desconhecidas, sem medidas de segurança.

Refere-se, espontaneamente, a essa parte egodistônica de sua personalidade "como um vampiro à caça de sangue". O terapeuta pede que se esqueça de si e jogue o papel do vampiro, contando sua história, com início, meio e fim.

"Eu era um jovem bonito", diz, "quando, numa noite, andando despreocupadamente pela rua, fui atacado e mordido por um vampiro. Perdi a liberdade de ser quem eu queria e num vampiro me transformei. Ser vampiro não é uma escolha, é o meu destino". O terapeuta pede, então, para que ele mostre, com seu corpo, de que forma se sente como vampiro. Ele se dobra inteiro e diz: "Envergonhado". O terapeuta se aproxima, coloca a mão em suas costas e lhe pergunta: "Quando, antes, você já se sentiu assim, envergonhado?". "Quando meu pai me surrou na frente de todo mundo", responde, referindo-se a uma cena ocorrida quando tinha 5 anos de idade.

Muitas vezes, ao longo de sua psicoterapia, trabalhamos essa cena para compreender o lado vampiro de sua personalidade. Como se pode ver, metáforas são ótimos recursos para trazer à tona mundos cindidos, partes não assumidas da história de vida e do *self* dos pacientes. Permitem múltiplos usos na terapia, podendo ser trazidas espontaneamente, como no exemplo citado, ou construídas por meio da concretização de alguns comportamentos, sensações etc.

Cadeira vazia

O terapeuta coloca uma cadeira vazia na frente do paciente e sugere que ele imagine sentadas, ali, pessoas ou partes suas com as quais deseja trabalhar. No caso da adição, a própria droga pode estar lá corporificada, bem como parceiros de adição, a parte adicta da personalidade que domina o *self*, metáforas, sonhos etc.

Vida e clínica de uma psicoterapeuta

O jogo de papéis se faz com a mudança de posição do paciente, ou seja, ele joga um papel, depois troca de cadeira e joga o outro; é um desempenho de papéis sem ação dramática. Pode-se utilizar essa técnica como um aquecimento inicial, seguido de um trabalho em cena aberta, ou como única técnica dentro de um trabalho psicodramático.

É interessante pedir ao paciente para conversar com a droga, invertendo papéis, e, depois de algum tempo, ser o duplo desse objeto ou dessa prática de adição, de forma a exteriorizar o não dito, a consequência futura. Assim, em vez de se dissociar, de esquecer, ele se apropria da experiência integralmente.

O terapeuta pode jogar papéis também, se quiser, ou ficar apenas observando, entrevistando ambas as partes em confronto e apresentando um ponto de vista que não foi abordado.

C. (40 anos, fuma maconha o dia inteiro, no carro, no trabalho, na escola etc.) para a cadeira vazia onde a maconha está sentada – *Eu preciso de você.*

C. (como maconha, para C.) – *Eu também, nós somos um par inseparável.*

C. (para a maconha) – *Mas eu estou perdendo aulas e posso perder o emprego.*

C. (como maconha, para C.) – *Imagine, isso é papo deles, a gente saca melhor tudo, é mais profundo.*

C. (para a maconha) – *Que nada, eu nem me lembro o que tenho de redigir hoje. Tenho de perguntar para o Luís.*

C. (como maconha, para C.) – *Aquele babacão, CDF...*

T. pede a C. para se levantar, coloca uma almofada no lugar de C. e diz: "Agora vou ser a maconha, e você fica atrás de mim, explicitando o que eu, maconha, não estou dizendo".

T. (como maconha, para a almofada como C): – *Luís é um babacão, cara de bocó, não sabe de nada.*

C. (como duplo de maconha) – *Fica só comigo, eu sou sua única amiga, não estude, não namore, só comigo você será feliz.*

C. (como C., para T.) – *É igual minha mãe, que não gosta de nenhuma namorada minha. Parece que quer me segurar.*

83

T. pede então uma cena recente com sua mãe na qual ela mostra esse aspecto dominador, e a sessão continua com uma clássica montagem de cena, utilizando as técnicas corriqueiras do psicodrama.

Há muitas formas de se favorecer a discriminação das partes em conflito. Consideramos extremamente útil passar um tempo da terapia processando essa cisão.

Adentrando a psicodinâmica do paciente: trabalho com a cena regressiva

O trabalho psicoterapêutico não fica completo se o cliente não se responsabilizar por sua forma de reagir diante das frustrações da vida e parar de culpar as relações por suas desventuras. Pacientes adictos, com sua lógica falaciosa, costumam se ver como vítimas do mundo (pais, colegas, trabalho etc.) e alegam usar a droga por causa disso.

Argumentar racionalmente, como já vimos, não leva a nada. O que fazer para surpreender o paciente criativamente e talvez conseguir adentrar essa psicodinâmica viciada, que sempre conduz à droga e à impotência?

Para mim o psicodrama intrapsíquico, com cenas regressivas ou infantis, é o que mais nos ajuda nessa árdua tarefa, pois permite que o diretor comece uma dramatização exatamente na impotência atual do cliente para, pouco a pouco, começar a compreender quando e para que essa impotência foi criada. Não se força o cliente a compreender nada, não se exige nenhuma mudança de conduta, apenas seguimos suas associações de outros momentos em que também a impotência esteve presente.

No caso das adições, trata-se de um poderoso recurso terapêutico para discriminar dores e defesas infantis de soluções mais adultas para questões de mesmo impacto emocional, bem como avaliar a função do comportamento adicto atual do paciente em sua história de vida.

Em meu livro *Sobrevivência emocional – As dores da infância revividas no drama adulto* (1998), tenho um capítulo todo dedicado ao trabalho com a cena nuclear infantil e aqui neste mesmo livro, no capí-

Vida e clínica de uma psicoterapeuta

tulo "Passos para uma dramatização bem-sucedida", também descrevo, didaticamente, esse manejo. Veja o exemplo a seguir:

A., 35 anos, compulsivo por compras, chega a gastar dinheiro que não tem adquirindo coisas que muitas vezes não usa. Em determinada sessão diz que quer trabalhar a "fissura que sente para ir a determinada loja em São Paulo, conhecida pelos seus produtos sofisticados, internacionais e extremamente caros".

T. (para A.) – Ande pela sala, dê uma espreguiçada em seu corpo e vá pensando em quando sentiu essa fissura mais recentemente.

A. – *Ontem, depois de caminhar pela manhã.*

T. – Onde você estava?

A. – *Quando começou a fissura?*

T. – É.

A. – *Acabando de me pentear, depois do banho.*

T. – Vamos montar o seu banheiro, o espelho... Onde é a porta deste aposento?[29]

A. dispõe pacientemente as peças do banheiro, o armário, o espelho etc.

T. – Comece a se pentear e faça um solilóquio.

A. – *Hoje estou bem, devo caber naquela calça de couro... Preciso comprá-la, vou até a loja, compro em dez vezes, posso até usar hoje à noite na festa da C.*

T. – Respire fundo e agora feche os olhos e entre em si mesmo. Procure o que sente no seu corpo quando começa a pensar nisto.

A. – *Minhas mãos tremem e transpiram, fico excitado.*

T. – Deixe que essa excitação tome conta de seu corpo todo.

A. Começa a dar pulinhos, cada vez mais alto, ri...

T. – Muito bem, mais alto, pule forte... O que lhe lembra esta alegria?

A. (imediatamente) – *Meu pai vindo me buscar de 15 em 15 dias. Eu o esperava na porta, íamos ao restaurante, ao boliche, ao shopping. Ele comprava tudo que eu queria. Ele tinha mais grana que minha mãe. Minha mãe inclusive falava para eu pedir as coisas para ele.*

T. – Algum dia em especial?

A. – *Muitos, todos iguais, eu tinha pai a cada 15 dias.*

T. – Vamos montar um desses dias aqui... Lembre-se de um momento desses dias.

A. – *Comprando meu autorama. Era uma loja grande de brinquedos lá no alto da Lapa... Nós já tínhamos ido ver noutra semana... Fomos de manhã, no sábado. Depois montamos na casa dele, montamos a tarde toda, ele e eu estávamos muito felizes.*

T. – Respire fundo, A., feche os olhos, veja esta cena dentro de você e, especialmente, olhe para seu rosto, seu corpo, sua idade. Quais são suas emoções neste momento?

A. – *Alegria. Alegria!*

T. – De que você precisava nesse momento da sua vida?

A. – *Precisava que esse momento não acabasse e que não fosse tão raro* (chora). *Ele morreu quando eu tinha 12 anos e acabaram os 15 dias.*

T. – Respire fundo e volte para a cena dentro de você... O que você está aprendendo, neste momento de sua vida, que jamais esquecerá?

A. – *Eu gosto do meu pai, mesmo que minha mãe não goste* (chora); *ele é bom para mim, ele gosta de brincar comigo* (chora).

T. (indo para o canto da sala onde deixou minimizada a cena do banheiro e da fissura de compras) – Olhe este homem de 35 anos aqui... Ele precisa ir a esta loja comprar este objeto caro... Você tem algo a falar para ele – você, de 9 anos, neste exato minuto?

A. – *Seu pai não está lá, seu idiota* (chorando)... *Você só vai se ferrar.*

T. – Volte ao seu papel adulto, A., em frente ao espelho... Olhe um minuto para este menino... (aponta para a cena infantil na qual almofadas marcam os papéis) Você acha que poderia entrar em contato com ele durante a semana, escrever-lhe uma pequena carta? Sinto que vocês precisam conversar. Parece que há alguma relação entre pai, autorama, fissura, calça de couro, loja chique... Pense nisso e vamos continuar na próxima sessão.

Na sessão seguinte, aquecidos pelo bilhete que o paciente, em seu papel adulto, escreveu para seu menino, retomamos a cena da morte do pai. O paciente com 12 anos estava em frente ao caixão do pai, triste e bravo, pois a mãe e a nova mulher do pai criam um clima tenso no enterro.

T. (para A.) – De que você precisava neste momento da sua vida?

A. – *Que minha mãe parasse de pensar em si e pensasse em mim, ficasse comigo.*

Vida e clínica de uma psicoterapeuta

T. – O que você aprende por não ter aquilo de que precisava?

A. – *Tenho de me virar sozinho a partir de agora, ninguém mais vai se importar comigo.*

T. – O que isso quer dizer para um menino de 12 anos?

A. – *Que tenho de procurar ganhar dinheiro e me dar tudo que quiser.*

A. (para T., saindo do papel infantil e falando enquanto adulto) – *Comprar tudo que quero é uma forma de fazer isso, não é?*

T. – Parece que sim. Comprar tudo que quer representa ter um pai dentro de si, e é isso que precisamos mudar.

Final da psicoterapia: sedimentando novos comportamentos e nova sociometria

O comportamento adicto é uma conserva comportamental segura, e previsível, mas disfuncional e pouco criativa. O psicodrama pode fazer muito para desenvolver a espontaneidade do paciente, ajudá-lo a treinar novas condutas e se arriscar em novas sociometrias.

Técnicas como o *role-playing*, dramatizações de cenas temidas e jogos dramáticos auxiliam a revelar medos não conscientizados, comportamentos não desenvolvidos, papéis não jogados.

Gostamos de definir o consultório como um laboratório privilegiado e mágico, onde pombos e lenços coloridos saem de uma cartola preta, mais tarde transformados em sonhos novos, projetos futuros e novas relações.

Palavra final: recaídas/relapsos

Recaídas na adição são absolutamente normais. É recomendável que o terapeuta informe seu paciente que já espera por isso e que não deixará de ajudá-lo. Existe uma tendência, quase generalizada, de os pacientes largarem o processo terapêutico depois de recaídas. Isso acontece porque, além de ficarem decepcionados com a terapia, sua autoestima fica muito baixa. Apresentam pensamentos catastróficos, de ruína pessoal, que, por seu turno, os levam de volta ao ciclo da adição.

É preciso prestar atenção às situações de recaída, porque elas se repetem e porque podemos prognosticá-las, caso observemos alguns indicadores. São sinais de possível relapso: o cliente faltar à terapia, apresentar muito remorso e vergonha, começar a culpar os outros por seus problemas, vitimizar-se, ficar devagar e repetitivo etc.

Quem recai não recomeça do zero, pois já tem um caminho andado e precisa apenas recomeçar o controle. Fazer um prognóstico de recaídas logo no início do tratamento e prestar atenção a situações da vida que as favoreçam podem abreviar a retomada de controle. Voltar à AAA, na segunda vez, é também muito difícil, sobretudo por vergonha do grupo e por desacreditar na capacidade terapêutica dos encontros. A terapia individual precisa auxiliar nesse processo de retomada das reuniões grupais.

O compartilhar do terapeuta de seus próprios erros é desejável, pois pode dar um modelo para o paciente: "Se meu médico ou terapeuta erra, pede desculpas e começa tudo de novo, eu também posso". Erros não demolem uma pessoa, e o melhor a fazer é admiti-los prontamente e corrigir logo que possível, para que as negações e mentiras não se acumulem.

Recuperação

Recuperar-se de uma adição é quebrar a dependência interna do ritual de adição e descobrir uma nova forma de viver, mais vulnerável a medos, conflitos e relações. Mudar a autoimagem é um dos aspectos mais difíceis, e a vergonha pelas ações cometidas no passado pode arruinar a recuperação. É preciso auxiliar o cliente a transformar a vergonha em culpa, gerando, então, ações reparadoras.

Aprender a admitir erros é uma das metas da terapia. É útil ressignificar o que os pacientes entendem por natureza humana dizendo-lhes que "ser humano" é cometer erros e procurar acertar da próxima vez. Além do mais, nossa vulnerabilidade admitida gera um benefício secundário, que é estimular a empatia das pessoas e trazê-las para mais perto de nós. Pessoas onipotentes, que sabem tudo e não precisam de ajuda, em geral ficam sozinhas. É por meio de nossa natureza humana falha que nos conectamos com outros seres humanos.

6. Passos para uma dramatização bem-sucedida[30]

Procurarei descrever aqui, passo a passo, a forma como realizo o atendimento em psicodrama bipessoal, desde as entrevistas até a montagem e o trabalho com cenas regressivas.

Há muito observo – desde meu papel de professora e supervisora – que parte das dificuldades que jovens terapeutas atribuem ao "cliente difícil que não aceita dramatizar", na realidade, constitui dificuldades deles próprios de iniciar o tratamento de forma didática para o cliente, e levá-lo adiante de forma segura e tecnicamente capacitada.

Enfim, estimulada pelas perguntas maravilhosas de meus alunos, comecei a criar sínteses, folhas-resumo, tabelas, desenhos, enfim, tudo que podia para tornar mais claros meus pressupostos e minha prática, sistematizações que serão úteis aos que procuram desenvolver seu papel de psicoterapeuta. Assim sendo, organizei a presente reflexão em sete tópicos:

1. como estabelecer uma relação terapêutica que facilite a prática psicodramática posterior: contrato (hora, local preço, reposições), entrevistas, pacientes que não querem dramatizar etc.;
2. como auxiliar o cliente – ele e não o terapeuta – a escolher, focar e aprofundar um tema, e se é melhor utilizar um psicodrama com cena aberta ou um psicodrama interno;
3. aquecimento e manutenção do aquecimento, num psicodrama de cena aberta.
4. trabalho com a cena inicial, encadeamento de como articular o tempo – presente, passado e futuro – na dramatização;
5. qual técnica, entre as existentes, utilizar;
6. psicodrama com cena regressiva – a criança interna do adulto;
7. como finalizar uma dramatização e manejar o fim da sessão quando o tempo se esgotar no meio de uma dramatização.

Como estabelecer uma relação terapêutica que facilite a prática psicodramática posterior

Na primeira entrevista, ouço a queixa do cliente visando compreender qual é sua dor. Há pessoas que falam muito sem, entretanto, nos deixar entrever para que exatamente querem um processo terapêutico. Nestes casos, pergunto diretamente ao cliente: onde ou o que dói? É incrível como essa pergunta simples costumar detonar a emoção e ter uma resposta simples e direta também.

A seguir há um roteiro de questões que espero ter respondido ao término das duas primeiras entrevistas:

1 – Constelação familiar: nome e idade de pais e filhos e ordem de nascimento dos irmãos.

2 – Histórico dos pais:
Seus pais se casaram por amor?
Como resolveram ter filhos? Os filhos foram programados?
Sua gestação foi esperada?
Seus pais esperavam que fosse menino ou menina?
O que você sabe sobre sua gestação?

3 – Nascimento:
O que você sabe sobre seu parto?
Você foi amamentado? Como foi a amamentação?
Você dormia bem?

4 – Primeira infância:
O que você se lembra de sua primeira infância?
Como era a relação de seus pais?
Quem era mais bravo?
Como seus pais colocavam limites?
Quem realmente gostava de ficar com você?
Você se lembra de seus irmãos nessa época?
Com quem você se dava melhor?
Você tinha amiguinhos?

5 – Escola:
Quando você começou a ir à escola?
Como foi?
Você era um(a) bom(boa) aluno(a)?
Você tinha amigos?

> **6 – Adolecência:**
> Caso seja mulher, quando foi sua primeira menstruação? Como foi virar "mocinha"?
> Você tinha amigos nessa época?
> Você se achava bonito(a)?
> Você tinha namorado(a)?
>
> **7 – Sexualidade:**
> Com que idade você começou a ter relações sexuais?
> Foi bom ou ruim?
> Quais foram foram os(as) namorados(as) mais importantes?
> Quanto tempo durou e por que terminou?

Como é possível perceber, procuro saber fatos desde o início da vida do cliente até o tempo atual, mesmo que ele seja uma pessoa de mais idade. Quero poder visualizar como essa pessoa surgiu, em que família, como foram seus primeiros anos de vida, o começo de sua vida adulta até hoje.

Acredita-se que a estrutura de personalidade de uma pessoa é, em grande parte, formada antes dos 7 anos de idade. A primeira infância determina boa parte das ansiedades comuns na personalidade, bem como as defesas desenvolvidas para lidar com essas ansiedades – e são essas mesmas defesas que, em muitos casos, constituirão os sintomas adultos. Portanto, mais do que rotular o cliente com um quadro diagnóstico, devemos poder responder, ao término dessa anamnese, quais foram as ansiedades infantis que ele apresentou, como ele sobreviveu e como se automedicou para poder lidar com seus problemas.

Após essas entrevistas verbais, realizo um *átomo social*. Digo-lhe que na terceira entrevista usaremos o psicodrama, a fim de que ele conheça a forma como trabalho.

Durante todo esse processo, costumo confirmar a capacidade dramática de meu paciente, mostrando-lhe que o fato de poder realizar inversões de papéis é suficiente para que possamos utilizar o psicodrama com ele.

Muitos pacientes demonstram dificuldades já nesse momento; alguns falam comigo, não com a almofada; outros falam do contrapapel, mas não consigo mesmos. Vou apontando essas sutilezas aos pacientes, e peço-lhes que falem na primeira pessoa do singular, olhando para ele, falando dele para ele etc.

Acredito que essa introdução cautelosa do psicodrama favorece o estabelecimento de dramatizações futuras mais complexas. Por fim, realizo uma entrevista devolutiva e o contrato, conforme o quadro a seguir:

A – Horário

O horário da terapia será pré-fixado entre terapeuta e paciente. Se o paciente precisar desmarcar, ele arcará com o "ônus do horário". Se o terapeuta precisar desmarcar, ele não cobrará os honorários.

Substituição de horários: sempre que o paciente precisar substituir um horário, deve ligar com 24 horas de antecedência. O terapeuta designará então outro horário, naquela mesma semana. Se o paciente puder, ele será seu, senão perderá a sessão em questão. É preciso ficar claro que o novo horário será designado pelo terapeuta de acordo com suas possibilidades. Sempre que o terapeuta precisar substituir um horário, deve contatar o paciente e saber de sua disponibilidade. Se o paciente não puder aceitar nenhum dos horários que o terapeuta oferecer, este não cobrará o horário desmarcado.

B – Férias

Durante dois meses ao ano, janeiro e julho, o paciente terá férias não remuneradas, se quiser usufruí-las, senão combinará os horários de férias com o terapeuta.

Se o paciente tirar férias ou viajar fora desse período, pagará o horário normalmente.

Se o terapeuta viajar fora desse período, não cobrará os honorários.

C – Remuneração

A remuneração das sessões dependerá de acordo fixado entre terapeuta e paciente.

Aumento dos honorários será normalmente regido pelo sistema inflacionário do país e dependerá de acordo entre terapeuta e paciente.

Os honorários serão cobrados a cada quinzena ou no final do mês até, no máximo, dia 5 do mês vencido. Após esse prazo o valor pago sofrerá o acréscimo da inflação mensal e/ou dependerá de acordo com o terapeuta.

A seguir, o enquadramento básico do trabalho terapêutico no formato bipessoal:

Vida e clínica de uma psicoterapeuta

Tempo de duração: 50 a 60 minutos
Frequência da dramatização: a dramatização não é compulsória, mas frequente.
Frequência semanal: uma ou duas vezes por semana.
Papéis complementares: são sinalizados por almofadas ou objetos da sala.
Ação dos papéis complementares: o paciente joga os papéis com as almofadas e inverte com elas.
Papel do terapeuta: o terapeuta é extremamente ativo no jogo de papéis com almofadas e basicamente realiza duas ações verbais que mantêm o aquecimento do paciente:

a. Utiliza a técnica da entrevista, como uma "voz do além", lúdica e alcoviteira, que entrevista todos os papéis que o paciente ocupa.

b. Quando o cliente retorna ao seu próprio papel, o terapeuta empresta sua voz e força física à almofada, referindo-se a ela na terceira pessoa do singular, e resumindo o contexto conflitivo para o cliente. Por exemplo: "Olhe, X, olhe o que seu pai disse. Olhe a posição dos braços dele, o que lhe parece?

c. O terapeuta rara ou brevemente contracena com o cliente.

Todas as outras técnicas clássicas do psicodrama são utilizadas da mesma forma que o jogo de papéis.

Auxiliando o cliente a escolher, focar e aprofundar um tema e decidir se é melhor utilizar um psicodrama com cena aberta ou um psicodrama interno

Tenho percebido que muitos terapeutas, jovens ou não, acreditam que é sua tarefa decidir qual cena dramatizar. Eles, então, ouvem o discurso inicial do paciente com uma atenção dirigida a "catar" uma cena que dê ensejo a um início de sessão, como se estivessem com uma vara de pescar. Desnecessário dizer a vocês que nossos pacientes são peixes muito espertos, comandados por seus temores e defesas contra mudanças. Eles aprenderam, durante sua vida infantil disfuncional, uma passividade vitimizada. Foram submissos a pais autoritários, impedidos de reagir à sua agressão e combatê-la, tiveram de esconder seus reais desejos, disfarçaram seu ódio e raiva, e são, enfim, mestres em ostentar uma postura letárgica e impotente diante da realidade e de sua própria vida. Parece que algo deve mudar, mas eles não se sentem capazes de empreender essa mudança.

93

Há muitas formas de ajudar os clientes a definir o que querem trabalhar e se sentir responsáveis pela sessão. O quadro a seguir mostra algumas dicas para ajudar o paciente a escolher um tema e se comprometer com ele.

No início da sessão, após os cumprimentos iniciais, ouça o cliente cerca de 10 minutos e então pergunte-lhe uma destas questões:

- O que você quer trabalhar hoje?
- Entre as questões que você descreveu, qual delas lhe interessa trabalhar mais profundamente hoje? (Costumo levantar e concretizar cada uma das problemáticas com uma almofada.)
- Qual ajuda você espera de mim nessa questão que descreveu?

Às vezes, o cliente responde que não quer trabalhar nada, apenas compartilhar o que se passou. Não vejo nenhum problema em compartilhar questões, contanto que essa não seja uma conduta habitual em todas as sessões.

Outras vezes, o cliente diz que não sabe o que escolher. Aí costumo perguntar-lhe se quer ajuda para eleger um tema. Essa é uma oferta paradoxal, pois tão logo o cliente a aceite (e 99 % dos meus clientes aceitam) eu lhe proponho uma das tarefas a seguir, visando apenas torná-lo ativo nessa busca.

- Ande pela sala, alongue-se e vá pensando nas últimas semanas e separando com o auxílio das almofadas as situações ou cenas difíceis pelas quais passou.
- Olhe para as máscaras (tenho um painel delas disposto em minha parede). Qual delas o atrai hoje? Qual você gostaria de experimentar?
- Dê uma folheada neste livro de fotos (Coutinho e Caram, 2000), escolha uma ou duas e leia o texto que está escrito atrás. Ele o remete a algo de sua vida?
- Pense na relação que mais o incomoda atualmente e traga esta pessoa aqui na terapia (escolha uma almofada para ser ela. Começo então a fazer uma "entrevista com o inimigo", procurando saber o que ele acha que meu paciente precisa trabalhar em si mesmo).

Quanto àqueles clientes que cronicamente dizem que só querem falar, costumo explicar-lhes longamente o que significa "fazer terapia". Basicamente procuro diferenciar o alívio obtido por descarregar os conflitos por meio da fala — efeito privada da terapia — da prática de fazer terapia.

Essa tarefa é complexa e implica mais do que discorrer sobre a própria vida; é preciso compreender velhas repetições, ampliar o leque de respostas possíveis e entender nossa susceptibilidade emocional. Por isso é importante eleger um tema e aprofundá-lo, pesquisá-lo, e não apenas falar dele.

Meus clientes costumam eleger seus temas e se responsabilizar por eles, e, tão logo o façam, decido qual recurso psicodramático utilizar.[31] Esta é a minha parcela de responsabilidade: conhecer e saber quando administrar as técnicas.

Usualmente utilizo o psicodrama com montagem de cena (Cukier, 1998, p. 67-72), a menos que o cliente não possa se locomover ou esteja explorando um tema que lhe cause vergonha, ou ainda, seja alguém que odeie dramatizar. Quanto ao psicodrama interno, utilizo-o em três situações:

1. quando o paciente traz queixas inespecíficas (dores corporais, angústia generalizada etc.);
2. quando os temas investigados causam constrangimento ou pudor ao paciente;
3. quando o paciente apresenta uma personalidade "histericoforme", parecendo mais interessado em me impressionar e controlar do que explorar seus próprios temas.

Aquecimento e manutenção do aquecimento no psicodrama de cena aberta e no psicodrama interno

No psicodrama bipessoal, apesar do pouco tempo de sessão, não podemos pular o aquecimento. Ele é muito importante para conseguirmos os resultados esperados. Entretanto, há pouco consenso e quase nenhuma discussão a respeito de qual parcela de tempo de uma sessão deve ser dedicada a cada uma de suas etapas (aquecimento, dramatização e compartilhamento), tanto na terapia bipessoal quanto na grupal. Por vezes, quase sem nenhum aquecimento, vemos colegas iniciarem uma dramatização. Outras vezes, observamos aquecimentos tão prolongados que quase não sobra tempo para a dramatização.

Essa indefinição, a meu ver, parte do próprio Moreno. Ele, apesar de mencionar várias vezes em sua obra a importância do que chama de aquecimento preparatório, não descreve profundamente nenhum desses procedimentos. Algumas pessoas que estiveram em Beacon nos surpreendem ao contar que as sessões se iniciavam meio "a seco", sem muito preparo anterior, ou seja, sem muito aquecimento inespecífico premeditado. Parece que os aquecimentos mais elaborados, como os que assistimos hoje em dia, derivam mais dos colegas argentinos do que de Moreno.

O aquecimento inespecífico, numa sessão individual de 50 minutos, deve, a meu ver, ocupar de 5 a 10 minutos no começo da sessão. A dramatização, incluindo o aquecimento específico, ocupa por volta de 25 a 30 minutos, restando de 10 a 15 minutos para compartilhamento. Esses não são tempos absolutos, obviamente, mas servem como uma orientação.

Precisamos considerar seriamente o fato de que ninguém consegue se desligar das tensões aleatórias do dia a dia (tráfico, crianças etc.) e se conectar a um tema emocional, ou mesmo jogar um papel se não estiver aquecido. E o próprio terapeuta não consegue realizar seu trabalho e manter o aquecimento do cliente se ele mesmo não estiver aquecido. Moreno já dizia que a "espontaneidade do diretor é que aquece o paciente"; portanto, o terapeuta precisa, ele mesmo, encontrar uma forma de se aquecer e se colocar num estado em parte lúdico, em parte mágico, em parte misterioso, para que aconteça o psicodrama.

Esse aspecto me parece um dos mais difíceis de atingir como terapeuta, porque é preciso estar muito confiante na técnica e seguro de seu próprio desempenho para não ter medo do ridículo e, de fato, convidar nosso cliente a realizar o que ele crê ser impossível.

A melhor forma de se conseguir esse estado é mergulhar na cena que nos é trazida por meio de uma entrevista que busque o detalhamento do espaço em que ocorre e a descrição dos personagens que dela participam. É nos detalhes que se esconde a memória emocional – como no caso do vasinho, esquecido no fim da estante, que uma cliente ganhou de seu pai aos 15 anos, e no qual ela depositava as lágrimas de seu luto paterno.

Aquecimento

A regra de ouro para o aquecimento, a meu ver, é perguntar detalhes, até que o próprio terapeuta sinta-se presente no ambiente do paciente. É preciso procurar detalhes importantes, sem se perder em questões supérfluas.

A primeira cena é a que necessita de maior detalhamento, porque ocorre no início da sessão e todos literalmente estão frios e precisam se aquecer muito. Nas outras cenas, ou confrontos, não serão necessárias

Vida e clínica de uma psicoterapeuta

tantas particularidades, porém é necessária a presença atuante de um terapeuta que mantenha o aquecimento já conquistado. Isso é feito por meio de verbalizações que sumarizam os fatos, em geral, na terceira pessoa do singular.

A figura a seguir sumariza esse procedimento e também o aquecimento específico para o psicodrama interno, se essa for a forma escolhida de trabalho. Nesse caso, o aquecimento específico implicará algum procedimento que facilite a introspecção e ajude o paciente a focar em si mesmo – qualquer tarefa que envolva prestar atenção à respiração ajuda (pode-se, por exemplo, sugerir ao paciente respirar marcando tempos diferentes para a inspiração e expiração). É preciso, contudo, tomar um especial cuidado para não exagerar nesse relaxamento, a ponto de o cliente dormir e não realizar o trabalho, pois não é esse o objetivo.

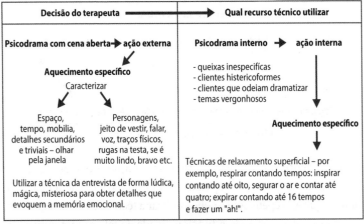

FIGURA 7 – Aquecimento

Trabalho com a cena inicial: encadeamento e como articular o tempo – presente, passado e futuro – na dramatização

Depois que o paciente escolhe o que quer trabalhar, o terapeuta deve decidir que tipo de dramatização fará. Em princípio, toda dramatização é exploratória, ou seja, não sabemos em que exatamente ela re-

97

sultará. Por isso, a primeira atitude do terapeuta deve ser bem neutra e pesquisadora (pode-se, por exemplo, iniciar o aquecimento específico pedindo ao cliente que detalhe o espaço físico e os personagens que interagem na cena). Geralmente, quando o próprio terapeuta conseguir visualizar o local e as pessoas que interatuam ali, o paciente já estará suficientemente aquecido.

Com a cena montada, pede-se ao cliente que assuma seu próprio papel e faça sua ação, seguida de um solilóquio. Pode-se entrevistá-lo durante o solilóquio, e depois pedir-lhe que tome o lugar de cada um dos personagens e atue em uma ação. Terminada essa fase, coloca-se o paciente em espelho e questiona-se: "De que ajuda você precisa aqui?" É a resposta do paciente que nos dirá como continuar essa dramatização (Figura 8).

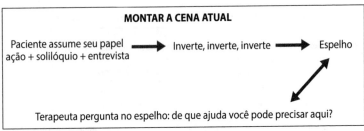

FIGURA 8 – Trabalho com a cena inicial

Se o cliente responder que precisa compreender por que age de determinada forma, o terapeuta deverá ajudá-lo a buscar a matriz da conduta que ele repete. Isso implica utilizar a técnica da cena regressiva, para pesquisar no passado a funcionalidade de tal ação repetitiva. Se, entretanto, o cliente precisa aprender a dialogar ou treinar papéis diferentes, a proposta de trabalho se desenrolará no presente por meio do jogo de papéis, confrontos, diálogos etc.

Também é possível que a necessidade do cliente envolva cenas que ainda não ocorreram, mas já causam conflitos em sua imaginação. Nesse caso, vários recursos podem ser utilizados: o trabalho em cena aberta com a situação temida ou desejada, a técnica da escultura, entre outros. É muito importante sempre voltar para a cena atual em que se iniciou a dramatização, sob pena de o cliente ficar confuso e não compreendê-la no passado ou futuro. A Figura 9 sumariza essa articulação de passado, presente e futuro em uma dramatização.

FIGURA 9 – Tempo na dramatização

Decidir qual técnica, entre as existentes, utilizar

A Figura 10 mostra uma sistematização possível de técnicas que utilizo em meu livro *Psicodrama bipessoal* (1993). Há, evidentemente, tantas técnicas quantos terapeutas, e é sempre interessante que o profissional (sugiro frequentemente isso a meus alunos) faça uma lista e tente organizar as técnicas que mais comumente emprega.

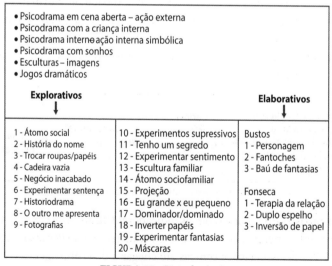

FIGURA 10 – Lista de técnicas

Psicodrama com cena regressiva: trabalho com a criança interna do adulto

Os objetivos principais de um trabalho com cenas do passado são analisar defesas infantis responsáveis pelos sintomas adultos atuais (negação, repressão, identificação com o agressor, dissociações, somatizações, adições etc.) e compreender questões relacionadas à autoestima e ao narcisismo.

Ele é indicado, de forma geral, sempre que a resposta emocional do cliente a determinada situação conflitiva atual não é proporcional ao estímulo que a causou, permitindo a investigação de conteúdos transferenciais defensivos e de condutas repetitivas.

Entre os vários recursos (Pitzele, 1992)[32] que temos para adentrar os conflitos de nossos clientes, o psicodrama intrapsíquico, com cenas regressivas ou infantis, é, a nosso ver, o que mais profundamente toca as questões relacionadas à autoestima e ao narcisismo. No caso das adições, trata-se de um poderoso recurso terapêutico para discriminar dores e defesas infantis de soluções mais adultas para questões de mesmo impacto emocional, bem como avaliar a função do comportamento adicto atual do paciente em sua história de vida.

Em um trabalho com cena regressiva, o paciente normalmente chega à sessão com alguma queixa, relacional ou não, mas com algo de sua vida atual com o qual não consegue lidar bem. O psicodramatista, após proceder a algum tipo de aquecimento, sugere a montagem dessa situação atual.

FIGURA 11 – Sessão utilizando cenas regressivas

Feito isso, e de acordo com os indicadores (Bustos, 1992, p. 73-74)[33] emergentes, percorre-se uma cadeia transferencial (Perazzo, 1994, p. 55-77) de associações cênicas até chegar a determinada cena, que poderíamos chamar de infantil, nuclear ou matriz (Figura 11).

A cena infantil é um dos lócus[34] (Bustos, 1994) das dificuldades do paciente, ou seja, é o relacionamento para o qual ele estruturou um tipo de resposta defensiva – útil na ocasião –, mas que, por sua cristalização, acabou criando as dificuldades atuais.

Há alguns denominadores comuns a todas essas cenas traumatizantes:

- elas normalmente acontecem muito *cedo* na vida, antes dos 8 anos de idade;
- o conteúdo do *drama relatado* é o de uma criança sendo negligenciada ou punida por algum adulto significativo. Ou, ainda, uma criança presenciando algum adulto desrespeitar de forma abusiva outras pessoas de seu átomo social;
- a criança *se submete, com raiva, vergonha e impotência,* ao adulto, porque é frágil e não tem como reagir.

A dramatização, além de desvelar essa submissão ressentida, revela uma ação psíquica, por parte da criança, que visa, de alguma forma, resgatar sua dignidade e autoestima. Muitas vezes, trata-se de uma espécie de pacto de confronto e força, um tipo de juramento para o futuro, que objetiva reassegurar-se de que, quando crescer, ninguém mais vai fazer aquilo com ela ou com as pessoas que ela ama.

Outras vezes, a ação psíquica é do tipo esquizoide, e consiste na retirada do afeto (vergonha, raiva, humilhação), como se internamente a decisão fosse: "Nada e ninguém, nunca mais, vão me atingir". As adições se situam aqui, pois são formas desesperadas de se automedicar (adição), em vez de buscar ajuda humana.

É muito importante que o terapeuta proponha a volta à cena atual após o jogo dramático da cena infantil, para que o paciente possa compreender a relação entre os tempos vividos, sua repetição comportamental, suas dissociações. É interessante dizer aos pacientes, no final de sessões em que se utilizou essa técnica: "Agora volte ao seu problema atual com aquilo que essa cena infantil lhe ensinou e veja se você pode agir de uma forma diferente".

Efetuam-se muitas sessões para processar o material obtido numa cena traumática infantil. Busca-se a comunicação da parte adulta da personalidade com a parte infantil, de forma a criar uma espécie de negociação e "redecisão". A parte adulta do paciente precisa compreender essa criança interna, seu pensamento concreto, negociar com ela e obter alternativas que não comprometam sua saúde e felicidade na vida atual.

Uma dramatização com a cena regressiva esgota-se apenas quando o cliente:

- revive a dor da cena infantil;
- consegue entender como fez para sobreviver;
- percebe os problemas atuais causados por suas defesas infantis;
- treina novas formas de ação adultas e apropriadas, modificando sua conduta atual.

Obviamente, uma sessão de 50-60 minutos não pode dar conta de todos esses aspectos. Já houve casos em que foram necessários três meses de trabalho de uma mesma cena, até que se pudessem compreender todas as conexões. Esse trabalho representa o centro do furacão; é a bala mais importante de nosso gatilho, e não devemos queimá-la em vão, indo rápido demais.

Há muitas formas de terminar uma sessão no meio desse trabalho, deixando certos ganchos para reaquecer o paciente e continuar na semana posterior. Trata-se de tarefas estratégicas, como lição de casa.

- Traga escrito para a próxima sessão, com detalhes, o que se passou nessa cena. Se houver, traga também uma foto sua dessa época.
- Escreva uma carta para si mesmo quando criança. Cuide para que seja em linguagem infantil, pois quem vai ler é uma criança com menos de 8 anos.
- Faça uma colagem ou encontre uma foto na internet do personagem que simbolizaria sua defesa infantil.
- Tire uma foto dessa cena numa Polaroid imaginária para continuarmos com ela na próxima semana.
- Escreva uma carta para os personagens dessa cena (pai, mãe, irmão etc.). O que você diria hoje para eles a respeito do que acontecia na cena infantil?
- Imagine se o maior advogado do mundo pudesse tomar a defesa dessa criança. Qual seria o seu argumento?
- O que a criança que você foi lhe pediria hoje, se pudesse?

Às vezes, o cliente não quer continuar o trabalho na semana seguinte, porque tem algo mais urgente para trabalhar ou porque não se sente preparado para entrar na velha angústia. A tarefa fica, então, adiada para quando ele puder retomá-la. Outras vezes o cliente não faz a tarefa, esquece ou não quer fazê-la sozinho. Podemos ajudá-lo a executá-la durante a sessão ou deixar que ele a traga na próxima vez. Sempre é bom discutir por que a tarefa não foi feita, pois ela é um acordo com o terapeuta, que foi firmado e quebrado.

A Figura 12 mostra, esquematicamente, as fases que precisam ser percorridas nesse trabalho. Em seguida, é apresentado um roteiro para entrevistar o paciente em seu papel infantil.

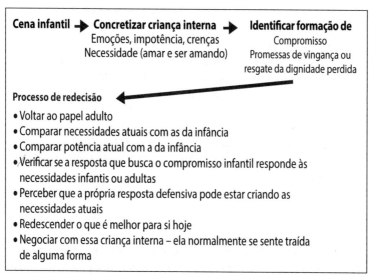

FIGURA 12 – Esquema do trabalho com cena infantil

> **ROTEIRO DE ENTREVISTA COM A CENA INFANTIL**
>
> 1. Descreva sua idade e o que ocorria na cena infantil.
> 2. Descreva as emoções e os sentimentos da criança na cena.
> 3. O que ela aprende nessa situação da vida?
> 4. O que ela aprende sobre si mesma, sobre os outros, sobre a justiça?
> 5. De que ela precisava?
> 6. O que ela decide fazer consigo mesma em função de não ter aquilo de que precisava?
> 7. Como ela completaria a seguinte frase: "Quando eu crescer, eu vou..."?
> 8. Como ela completaria a seguinte frase: "Quando eu crescer, eu nunca vou..."?
> 9. Qual o personagem que carrega essa defesa?
> 10. Ele consegue para você aquilo de que precisava quando criança?
> 11. Você deve agradecê-lo por ssobreviver? ( ) sim ( ) não
> 12. Liste suas necessidades adultas.
> 13. Esse personagem defensivo, que representa sua forma infantil de se defender, causa algum problema relacional atualmente?
> 14. Como você poderia transformar essa defesa infantil, mantendo o que ainda é bom e modificando o que ficou fora de tempo?
> 15. Como você seria sem esse personagem?
> 16. Liste as vantagens e desvantagens de viver sem esse personagem.
> 17. Você realmente quer ficar sem essa defesa ou pretende apenas modificá-la?
> 18. Qual a mínima ação que você pode empreender na próxima semana, no sentido de executar as mudanças?

A parte adulta do cliente precisa compreender sua criança interna, negociar com ela e obter alternativas de conduta. Os problemas atuais de nossos clientes são resultantes, na maior parte das vezes, da cristalização de defesas infantis. A terapia visa liberar a espontaneidade (Moreno, 1992, p. 159)[35] do adulto e auxiliá-lo a trocar os remédios antigos por outros mais eficientes e adaptados ao seu narcisismo atual. Por exemplo, fatos que o aborreceram profundamente numa época em que funcionava de acordo com a lógica da exclusão podem já não importuná-lo tanto no presente, e talvez ele não precise de uma armadura tão espessa para se defender.

O trabalho com a cena nuclear é muito importante, dado que é como estar no centro das dores e das defesas do paciente – e, por isso, não deve ser feito de forma incompleta. A Figura 13 mostra uma síntese didática para orientar os terapeutas na obtenção dos conteúdos importantes, que podem ser adquiridos durante a movimentação da cena, por meio da entrevista do T. com o paciente em seu papel infantil, ou de um confronto entre parte adulta e parte criança do paciente ou por intermédio de cartas, conforme dito anteriormente.

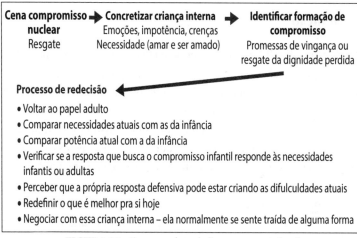

FIGURA 13 – Esquema do trabalho com cena infantil

Queria concluir este texto dizendo aos terapeutas com dificuldade para dramatizar que procurem dividir suas dúvidas com um supervisor que dramatize e que dê suporte às suas questões iniciais. A habilidade de ser um diretor de psicodrama se forma aos poucos, tal qual uma escultura moldada na própria pele emocional do diretor.

Nunca conheci ninguém que não tivesse medo de dirigir no início, que já não tenha se perdido no meio das cenas, que nunca tenha se sentido envergonhado ao mostrar suas dúvidas para o supervisor. A nós, supervisores, cabe a tarefa de receber com respeito, carinho e compreensão essas ambiguidades iniciais, para que os próprios futuros terapeutas possam contê-las e não se amedrontem diante da tarefa.

7. Psicossociodrama da inveja: atire a primeira pedra se você puder[36]

Introdução

Nunca soube lidar com a experiência emocional da inveja.[37] Nem a minha própria, horrivelmente amargada no interior de meus pensamentos, e nem a dos outros, sabiamente negada e exteriorizada com toques de ressentimento e rejeição.

De todas as vivências humanas, percebi, consultando uma vasta literatura ao longo dos últimos anos, que a inveja é a menos estudada e da qual menos se escreveu, sobretudo na psicologia. Somente a sexualidade humana foi tão reprimida em outras épocas.

Dizem, alguns autores, que não há dignidade nesse sentimento. A raiva e o ódio extremos podem ser explicados por uma razão nobre qualquer, mas a inveja, contudo, sempre representa um sentimento obscuro, sem justificativa legal, mesquinho e isolado, fútil, escondido – como convém aos bandidos, ladrões e assassinos, escórias da raça humana.

Atire a primeira pedra, no entanto, se você nunca a sentiu! Se nunca desejou mal a alguém por algum atributo que nele você admirava, se jamais evitou situações que o confrontariam com aqueles que exibem qualidades que você não tem, ou nunca tomou partidos apenas para não favorecer aqueles que possuíam aspectos que você cobiçava. "Praticamente tudo que traz felicidade estimula a inveja", dizia Aristóteles.

E talvez você também nunca tenha pensado que, sem a inveja e a consequente capacidade de sempre estarmos nos comparando e nos vigiando mutuamente, talvez não tivéssemos o desenvolvimento dos

Vida e clínica de uma psicoterapeuta

sistemas sociais a que todos pertencemos. Considere também como ela jaz soberana, como eminência parda, por trás das políticas sociais e econômicas e de quase todos os movimentos revolucionários da história da humanidade.

Segundo Helmut Schoeck (1987), há crimes por inveja, políticas baseadas na inveja, instituições elaboradas para regular a inveja, e inúmeros motivos para se evitar ser invejado pelos outros.

Calcadas num sentimento de injustiça pelas diferenças (sejam elas quais forem: financeiras, estéticas, filosóficas) e na ideia de que todos deveriam ser igualmente contemplados, muitas políticas de expropriação foram conduzidas. Desde o século XVIII, com o emblemático lema da revolução francesa – "igualdade, fraternidade e liberdade" –, até as revoluções socialistas (século XIX e XX), apregoa-se a filosofia da igualdade, um ópio para o sentimento de inveja, que ganha força demagógica nessa aparentemente justa indignação.

A inveja, segundo de La Mora (1987), é o maior tabu humano não falado; todos a sentem, mas poucos admitem, o que torna seu estudo difícil e indireto. Curiosamente, quando honrosamente revestida dessa carcaça ideológica da igualdade, ela se torna o baluarte da justiça humana. Esse mesmo autor conclui seu brilhante livro *Inveja igualitária* argumentando sobre a saudável necessidade da diferença e o absurdo de imaginar que a igualdade possa ser conquistada pela coerção ou demagogia.

Ainda a título de curiosidade, e já me aproximando da psicologia e do psicodrama, sabemos que a inveja é um sentimento apreendido no *cluster* 1 e exteriorizado maciçamente no *cluster* 3 (Bustos, 1994, p. 362), de papéis simétricos, fraternais e amorosos, com dinâmicas de cooperação, competição e rivalidade. Nós, habitualmente, não invejamos os reis e as rainhas e suas fortunas acumuladas sem trabalho braçal, mas podemos invejar nosso vizinho de porta, porque ele comprou um carro novo. A história de Caim e Abel parece ser a metáfora certa para ilustrar esse sentimento.

Conceito

A palavra inveja tem sua origem no latim, *in-videre*, que significa "não ver", ou "ver enviesadamente". A inveja se manifesta popularmente no "olho gordo", no "*evil eye*" – o olho do diabo. Ser visto, aparentemente, é algo central para o tema da inveja, tanto para quem é invejado (é visto) quanto para quem inveja (vê). Esse fenômeno psicológico pressupõe um contexto social: a coexistência de duas pessoas.

Há inúmeras definições desse sentimento, que variam de acordo com o aspecto do fenômeno que se quer abarcar:

- Inveja é um tipo de dor psicológica sentida quando, ao nos compararmos a outra(s) pessoa(s), avaliamos que nosso valor, nossa autoestima e nosso autorrespeito estão diminuídos.
- Inveja é a dolorosa observação daquilo que nos falta.
- Sentimos inveja quando outra pessoa tem características superiores às nossas.
- A inveja é um tipo de admiração e amor por aquilo que não se tem.
- *Schadenfreude* é uma palavra de origem alemã, usada também em outras línguas, para designar o sentimento de alegria ou prazer pelo sofrimento ou pela infelicidade dos outros.
- A inveja é o sentimento que nos toma quando observamos o sucesso dos outros.

Em todas as línguas – das primitivas até as indo-europeias, arábicas, japonesa e chinesa –, há um termo que designa a pessoa invejosa. As sociedades poligâmicas primitivas já possuíam políticas para lidar com a inveja, sobretudo a relacionada à distribuição de afeto e bens de forma igualitária entre esposas e descendentes. Muitos conflitos foram travados pela comparação das desigualdades, muitas superstições e rituais foram elaborados para magicamente conseguir os benefícios desejados (Schoeck, 1987).

A inveja é, portanto, um fenômeno universal. Conceituá-la, entretanto, não é tarefa fácil: primeiro, ela é usualmente confundida com o complexo sentimento de ciúme, e essa discriminação precisa ser feita;

outra dificuldade advém das possíveis gradações desse sentimento (é por isso que se ouve falar de uma inveja boa, bem próxima de uma admiração e fácil de ser admitida, em oposição à "inveja ruim", esta, sim, semelhante à palavra em alemão *Schadenfreude*, que consiste num verdadeiro tormento diante da boa sorte alheia e um extremo prazer com seu infortúnio).

Inveja e ciúmes

Nem sempre é fácil separar inveja de ciúmes. Ambos os sentimentos pressupõem interações sociais, comparações entre indivíduos e são extremamente prejudiciais para as relações. A inveja, em geral, se refere a uma relação dual, na qual o sujeito sente falta de algo que o outro tem e o desejo de que ele não o tenha; já o ciúme tem que ver com as relações triangulares, e basicamente consiste no medo de perder uma relação para outra pessoa. A inveja prefere destruir, enquanto o ciúme visa controlar.

Em ambos os sentimentos existe uma falta. No ciúme, esta se refere ao medo de perder algo ou alguém que já "possui" para outrem; na inveja, a algo que não se possui, mas que outra pessoa tem. Ambos os sentimentos são exteriorizados de forma muito semelhante: são parcialmente negados, mas aparecem indiretamente por meio de medo de perder, raiva, traição, insegurança, inferioridade, vingança, paranoia, entre outros.

Foster (1972, p. 167) sugere que a inveja provoca o ciúme como contrarreação, como se fossem complementares. Se alguém, por exemplo, sente que sua esposa bonita está sendo invejada, começa a temer perdê-la, sentindo ciúmes. O mesmo ocorre para qualquer objeto ou atributo que é desejado: quem tem não quer perder, e quem não tem quer obter, ou, pelo menos, não quer que o outro tenha.

Inveja boa e inveja ruim

Talvez para minimizar o impacto desse sentimento tão vergonhoso, ou para dialeticamente evitar as falsas polaridades entre bom e mau, alguns autores argumentam que a inveja possui, pelo menos, um fator positivo: costuma ser um combustível ou uma motivação extra para conquistar sucesso ou atributos que levem à felicidade.

Para a psicologia analítica de Carl Gustav Jung (1991), qualquer que seja o traço de caráter ou atitude que existe na mente consciente e dominante possui seu oposto reinando igualmente no inconsciente. O conteúdo reprimido precisa se tornar consciente para produzir uma tensão de opostos e, com isso, flexibilizar e enriquecer a personalidade.

Byington (2002, p. 21-22) fala do potencial criativo da inveja, que seria apenas uma das funções estruturantes da psique, podendo atuar de forma criativa e propiciar o desenvolvimento saudável da personalidade ou, pelo contrário, tornar-se fixada e passar a atuar na sombra,[38] de forma inadequada, repetitiva e destrutiva.

Num artigo a respeito da obra de Gonzalo Fernández de La Mora (1987), "Inveja igualitária", o autor Eduardo O. C. Chaves (1991) mostra que, diante da possibilidade de que os outros possam ser mais felizes do que nós, é possível assumir uma das seguintes atitudes:

a. *Emulação*: desejar ser como os outros, agir como eles, possuir as coisas que possuem. Essa atitude é positiva, pois propulsiona o progresso e o desenvolvimento humano e estimula a competição.

b. *Resignação*: aceitar nossa (real ou suposta) inferioridade. Essa atitude é negativa, pois, ao se conformar, o sujeito deixa de dar uma contribuição para o progresso e o desenvolvimento humano, levando à estagnação. Todavia, não promove a involução.

c. *Inveja*: desejar que os outros percam aquilo que têm e que gostaríamos que fosse nosso. Essa postura é somente negativa, pois leva à involução. O invejoso deseja o infortúnio e a miséria daqueles que inveja, que aqueles que são melhores se vejam reduzidos ao seu nível.

Resumidamente, digamos que seja possível usar a inveja como um catalisador de energias na direção dos objetos invejados – mais ou menos como um plano de vida ou ambição. Esta seria a inveja boa, a emulação, que não faz mal a ninguém, nem a quem a experimenta, nem àquele que é alvo dela.

Não estamos falando aqui, contudo, desta inveja benigna, mas daquela que faz sofrer em virtude do impacto que observar atributos alheios causa. Essa inveja aponta para a própria inferioridade e culmina numa impotência pessoal e no desejo de destruir o outro. O foco aqui é a chamada *inveja verde*, termo cunhado por Shakespeare em *Otelo*, referindo-se ao ciúme – provavelmente em alusão à bílis hepática, secreção digestiva viscosa verde-amarelada produzida pelo fígado e tão amarga como este sentimento.

Origens da inveja

Os freudianos, liderados por Melanie Klein, associam a inveja à pulsão de morte, cujas origens seriam inatas. Em 1920, com a publicação de "Além do princípio do prazer", Freud postula que o funcionamento do aparelho psíquico se baseia na oposição entre duas pulsões básicas: a de vida e a de morte. A pulsão de morte seria onipresente, apresentar-se-ia geralmente fusionada com a pulsão de vida, e se manifestaria de várias formas: a compulsão à repetição, a reação terapêutica negativa, a agressividade, a inveja, o narcisismo destrutivo, entre outras.

Para Melanie Klein (1974), as origens da inveja são inatas e derivam da agressão constitucional. Uma carga excessiva de inveja precoce representa uma forma particularmente maligna e desastrosa de agressão inata. Primariamente, a criança sentiria inveja do seio e, posteriormente, e por deslocamento, passaria a englobar a equação seio-pênis, símbolos de vida. Com a maior integração do ego e o surgimento da culpa e do desejo de reparação, a inveja tende a ceder lugar à gratidão. Se a inveja estraga a fruição do objeto pelo desejo de destruí-lo, a gratidão é, ao contrário, "o fundamento da apreciação do que há de bom nos outros e em si mesmo" (Cintra e Figueiredo, 2004, p. 133).

Os neofreudianos, como Karen Horney, Donald Woods Winnicott e Dave Hiles, de forma geral, enfatizam menos a importância das forças biológicas sobre a personalidade, e destacam o impacto das forças sociais e psicológicas nela. Eles também minimizam a importância da sexualidade infantil e do complexo de Édipo, sugerindo que o desenvolvimento da personalidade é determinado primordialmente por forças psicossociais e não psicossexuais.

A inveja, para eles, não é uma agressão gratuita para tudo que é bom, mas a resposta frágil da criança diante da privação, da crença de que aquilo de que precisa está sendo refreado por um outro que não quer lhe dar. A raiva resultante seria um esforço para induzir a mãe a realizar seus desejos e não para destruí-la.

Função evolutiva da inveja

De uma perspectiva evolucionária, a inveja é vista como um importante instrumental na luta por uma vantagem competitiva (Hill; Buss, 2006). A teoria da seleção natural, de Charles Darwin, postula a preservação evolutiva de características favoráveis à espécie e a extinção daquelas desfavoráveis.

O processo da seleção natural é inerentemente competitivo; o homem primitivo lutava por comida, abrigo, calor, e se outro possuísse esses recursos e ele não, ele faria de tudo para obtê-los, por conta de sua sobrevivência. Somos equipados filogeneticamente para nos observar e competir, e manifestamos esses atributos em nossas interações sociais. Continuamente lutamos para adquirir recursos ou posições que os outros simultaneamente estão lutando para conseguir. Isso ocorre com a aparência física, com adquirir bens perecíveis e até mesmo com professar ideologias, credos.

O uso da comparação social é um instrumento de sobrevivência por meio do qual os seres humanos podem avaliar se estão em vantagem ou desvantagem na batalha da seleção natural. A inveja teria a função de alertar quando um parceiro rival tem vantagens e mobilizaria o indivíduo em questão a adquiri-las para si.

O afeto negativo sentido quando se percebe a vantagem alheia, dizem os autores, resulta de um alarme interno que sinaliza que estamos perdendo a competição (o que, em tempos primitivos, significaria morte para nós e nossa prole). As pessoas sentem raiva,[39] dor[40] e vergonha – como trataremos adiante –, como se uma injustiça estivesse acontecendo, e tentam, de vários modos, restabelecer seu bem-estar. Muitas amizades são rompidas porque um dos parceiros se sente em desvantagem e prefere ficar distante desse sentimento.

Manter a inveja em segredo é também uma estratégia de defesa, na medida em que admitir sua existência, além de maximizar os méritos alheios, impossibilita outras estratégias de defesa, como utilizar a fofoca para desonrar o outro, dizer que se foi injusto etc.

Quando a inveja acontece?

Cada teoria explicativa da inveja tem sua forma de prever quando ocorrerá um episódio desse sentimento. Os psicanalistas, de forma geral, acreditam que a inveja é diretamente relacionada à experiência de cuidados primários da criança. Isso porque o senso de possuir atributos, corriqueiramente chamado de autoestima, se opõe ao de ser completamente impotente, sem atributos, sem autoestima.

Richard Smith (2004), em seu brilhante artigo "A inveja e suas transformações", resume as quatro condições necessárias para que ocorra inveja:

1. A pessoa invejada é simétrica a nós em boa parte de suas características: idade, nível socioeconômico etc.
2. Essa semelhança gera a sensação de injustiça – "se somos iguais, devemos ter as mesmas coisas".
3. O atributo que o outro possui é de um domínio relevante para nós.
4. Nossas perspectivas pessoais de obter esse atributo são muito escassas.

Uma vez que essas quatro condições forem atendidas, o episódio de inveja evoluirá e produzirá várias outras emoções (paranoia, ressentimento, vergonha). Se o foco da comparação apontar, por exemplo, para uma inferioridade de habilidades, podemos sentir vergonha por essa inferioridade e começar a censurar moralmente a pessoa em questão, atribuindo-lhe desonestidade. Isso desvia o foco de nossa reconhecida inferioridade, e nos justifica para agir de forma hostil contra a pessoa invejada. "O mérito inveja os resultados", segundo sugestão de Montaldi, citado por Smith (2004).

Algumas pessoas que permanecem conscientes de sua inveja decidem trabalhar arduamente para compensar a desvantagem, torná-la menor. Essa, provavelmente, é a saída mais honrosa para lidar com esse sentimento. Alternativamente, outras pessoas ficam atoladas no sentimento de inferioridade que a inveja produz e podem desenvolver um quadro depressivo. É muito razoável pensar que invejas mal-resolvidas estejam na base de outros quadros psicopatológicos.

Outra configuração que a inveja pode tomar é apelar para calúnias, fofocas, ou sabotagem indireta, para diminuir as qualidades da pessoa invejada. Gaiarsa (2015) explora brilhantemente esse território, e afirma que o mexerico, a intriga e a fofoca são meios de controle social, na maioria das vezes provocados pela inveja. Ele chama de "peste emocional" essa forma sub-reptícia de as pessoas invejosas atuarem, uma vez que não podem admitir sua verdadeira motivação.

Avi Berman (2007, p. 17-32), um psicólogo clínico contemporâneo, conclui, baseado na observação de crianças, que as pessoas que se beneficiam em situações de inveja são aquelas que admitem o sentimento, acreditam em sua capacidade e se acham igualmente merecedoras. Já aqueles que sofrem com esse sentimento e ficam agressivos e destrutivos são aqueles que não reconhecem a inveja, se sentem incapazes e especialmente merecedores, mais do que seus rivais.

Autoestima, competitividade, inveja e gênero

A competitividade, a autoestima e a inveja aparecem correlacionadas em quase todos os textos pesquisados para escrever este capítulo. Se pensarmos na inveja como uma emoção adaptativa que nos faz competir para sobreviver, ainda assim os teóricos do desenvolvimento emocional humano teriam de nos explicar como se aprende a competir, ou, ainda, como aprendemos a avaliar nossas reais capacidades para nos compararmos com nossos rivais.

Se uma pessoa se avalia errado, compete errado. De nada adianta ter muitos atributos se a sensação interna é de desvalia e aponta para deficiências. Como introjetamos a noção de quais são nossas reais capacidades, nosso autovalor, nossa autoestima?

Mais ainda, cada cultura imbui seus cidadãos de valores que condicionam os critérios para ser ou não aceito, ser ou não valorizado. Nossa cultura, historicamente patriarcal, tem mudado visivelmente, mas alguns traços sutis levam muitas gerações para, de fato, se instalar. Carol Gilligan (1982), em seu livro *Uma voz diferente*, mostra que ainda hoje existem formas de competitividade diferentes para homens e mulheres. Homens ainda são criados para uma crescente separação dos outros e para alcançar a autonomia e independência, ao passo que das mulheres se espera, primordialmente, que cuidem das relações e sejam amigáveis e fiéis.

Se um homem é competitivo, poderoso e bem-sucedido, está indo de acordo com as expectativas que se tem para ele, ao passo que uma mulher poderosa, autônoma e bem-sucedida é frequentemente ameaçada de abandono por suas iguais, como se ela caminhasse em direção contrária e traidora.

Também a psicanálise explica essa questão, mostrando que, nas fases de individuação-separação da mãe em direção às outras relações e à autonomia, os meninos não experimentam conflitos de gênero. Eles, se tudo corre bem naturalmente, seguem em direção à identificação com o pai e seus papéis sociais. Já as meninas têm de se individualizar-separar da mãe, mas, ao mesmo tempo, permanecer identificadas com suas funções e papéis sociais, o que pressupõe, ao contrário, não diferenciação e intimidade (Chodorow, 1978, p. 109).

Competir com a mãe significa separar-se da cumplicidade com ela, lutar para ser diferente dela, melhor que ela, porém parecida – o que é uma tarefa psicológica complexa e carregada de dor e culpa imensas (Lerner, 1990). As mulheres impregnam suas outras relações de gênero com esse conflito; por isso, quando a mulher compete, em geral procura uma fórmula menos individualista, mais indireta. O ganha/perde dessas situações é pretendido pelo "todas ganham", como um time (Navarro, 2007). Estilos de luta encobertos, passivo-agressivos, modéstia e humildade têm sido pré-requisitos para a feminilidade, e àquelas que agiam diferentemente se atribuíam adjetivos pouco nobres, como masculinizadas, agressivas ou histéricas (Lerner, 1990).

E a inveja com isso? – vocês devem estar se perguntando. Quem não pode dizer abertamente o que quer e lutar abertamente por aquilo de que precisa só pode invejar essa capacidade nos outros. A inveja é o melhor mecanismo de defesa para um ego que se sente tolhido de recursos e admira uma pessoa que os tem. Com ela, dá para aliviar a dor da impotência, utilizando atitudes não muito nobres, escondidas, como a fofoca, o maldizer moral, enfim, qualquer coisa para diminuir o rival.

Apesar de a inveja ser um fenômeno humano universal e acometer homens e mulheres, ela ainda é mais identificada como um traço da cultura feminina – e, não sem razão, percebemos que as bruxas perseguidas e mortas na Idade Média por sua atividade maléfica eram mulheres.

E o olho gordo? Existe? Faz mal?

O "mau-olhado" ou "olho gordo" é a crença de que uma doença é transmitida – geralmente sem intenção – por alguém que está com inveja ou ciúmes. Essa pessoa, normalmente, não é seu inimigo, mas, com inveja, pode prejudicar você, seus filhos, seus animais ou suas plantações, por meio de um olhar cobiçoso. As principais vítimas são os bebês e as crianças pequenas, porque são muito observados e elogiados por estranhos.

Existem palavras para conotar essa superstição em todas as línguas, bem como registros de rituais e amuletos protetores em todas as culturas, desde as sociedades tribais até nossos tempos de sociedade global. Há, por exemplo, relatos sobre inveja nos escritos sumerianos de 4.000 a. C. e desenhos de olhos simbolizando energias atuantes e negativas nos sarcófagos no Egito dos séculos XXI e XXII a. C. (Rojas-Bermúdez, 1998).

No Mediterrâneo oriental e na região do Mar Egeu, especialmente em toda a Grécia e até na Turquia, há uma forte tendência a ver pessoas de olhos azuis como portadoras do "olho mau", provavelmente porque poucas pessoas têm olhos azuis nessas regiões.

Alan Dundes fez um estudo multicultural dos talismãs e das curas contra o "mau-olhado", e percebeu traços comuns. Aparentemente,

Vida e clínica de uma psicoterapeuta

o mal causado pelo olhar é frequentemente ligado aos sintomas de secagem e desidratação, como se ele fosse uma espécie de forno de micro-ondas, e muitos rituais para a cura costumam envolver umidade. Vemos um exemplo típico nos peixes usados pelos japoneses como antídotos contra a inveja, porque sempre estão molhados. Também, entre os judeus, é hábito cuspir nos lados da pessoa que foi invejada.

Para Freud (1901, p. 919), a crença no "mau olho" é uma superstição e, como tal, representa o medo de desgraças futuras. Além disso, o temor de que "nos desejem mal" seria a manifestação consciente da repressão inconsciente de nossos próprios desejos maldosos contra os outros. É preciso, porém, lembrar que, apesar de supersticiosa, essa crença possui um efeito de sugestionabilidade que não pode ser desprezado.

Desde Franz Anton Mesmer (1734-1815) – que com seu magnetismo animal curava dores e doenças pela aplicação de ímãs na fronte das pessoas –, passando por Jean Martin Charcot (1825-1893), o hipnotizador das histéricas – e Freud – que abandonou a hipnose concluindo que ela se resumia à sugestionabilidade –, culminando nas terapias cognitivas contemporâneas (Beck e Kuyken, 2003), sabemos que as crenças que temos sobre nós mesmos, sobre o mundo e sobre o futuro determinam o modo como nos sentimos e como nos comportamos, afetando profundamente nosso bem-estar.

Portanto, sim, o "olho gordo" faz mal. Ambos, invejados e invejosos, saem danificados ao acreditarem nessa superstição: o invejoso, por acreditar que é inferior à pessoa com quem se compara e por, obsessivamente, perder seu tempo e sua criatividade tentando controlar o invejado; e a pessoa que acredita ter sido infectada pelo "olho gordo", por sugestionabilidade, sentindo-se impelida a cumprir um ritual para se curar.

Marketing e inveja: o poder e o perigo de ser invejado

A maior parte dos estudos sobre a inveja foca sua observação na pessoa que sente a inveja. O alvo da inveja, a pessoa que é invejada ou se faz invejar é pouco estudado. Possuir atributos, facilidades na vida, estar em posição de destaque causa sensações variadas, desde a sensação de poder até culpa, desconforto e medo de que algo ruim esteja para acontecer.

Os gregos, segundo Helmut Shoeck (1987, p. 141-52), mencionam em vários mitos a inveja dos deuses, como se houvesse uma justiça divina na distribuição dos bens com garantida punição para quem ousasse ultrapassar os limites. Nessa mesma linha de raciocínio, vemos a ideia de que o prazer é proibido em muitas religiões, ou ao menos taxado com o dízimo que se encarrega da justiça redistributiva.

Numa sociedade capitalista, em que o consumo é estimulado por um marketing agressivo e que usa e abusa da comparação entre pessoas, estamos o tempo todo sendo instigados a invejar. Invejamos o carro, saborosamente oferecido na televisão por uma pessoa mais bonita ainda que ele, que veste roupas e acessórios mais bonitos do que ela e o carro, e, além de tudo, está sendo fotografada num lugar paradisíaco, muito melhor que o carro, o modelo, as roupas e os acessórios.

Ser alvo da inveja alheia confere um status de poder e um reasseguramento do próprio valor. Predispõe também a receber atos agressivos, diretos ou indiretos (desvalorização moral, fofocas, sabotagem), e uma desconfortável sensação de culpa, por ser a causa involuntária do sofrimento alheio.

Assim como o consumidor, alvo da propaganda exemplificada acima, quando somos comparados com pessoas que têm atributos superiores aos nossos sentimos uma agressão em nossa autoestima, o que demanda uma ação de retaliação para recuperar nosso valor. Fazer-se invejar pode ser um ato agressivo, pois a inveja é uma emoção social e afeta não apenas indivíduos isolados, mas grupos.

George Foster (1972) sugere que há dois parâmetros para analisar a inveja: do ponto de vista competitivo, é útil ser invejado; já do ponto de vista do medo de ser retaliado, é mais seguro passar despercebido e esconder suas qualidades.

Lidar com a inveja dos outros é uma tarefa complexa. Os estudos em psicologia social e sociologia sugerem algumas estratégias comumente utilizadas para se relacionar com pessoas invejosas:

1. minimizar nossas próprias qualidades;
2. valorizar o esforço que tivemos de fazer para conseguir tais qualidades;
3. elogiar a pessoa que nos inveja tentando salientar qualidades nela;
4. ajudar quem nos inveja, tentando dar a ela algo de bom;
5. esconder nossas qualidades sob uma pretensa humildade, modéstia.
6. socializar nossos ganhos egoicos, mostrando como nossas qualidades ajudam outras pessoas.

Ser invejado, enfim, é uma posição existencial ambígua. Ao mesmo tempo que representa uma forma solitária de reasseguramento, mais-valia, pode acabar gerando um isolamento relacional, uma carência de pares simétricos com quem compartilhar as alegrias.

A inveja na literatura psicodramática

Apenas um texto foi encontrado tratando da inveja no mundo psicodramático (nacional e internacional). Trata-se do artigo de Rojas-Bermúdez (1998), "De la envidia y de la violencia". Rojas-Bermúdez estuda a relação entre inveja e violência, concluindo que esta é o resultado da falta de recursos do eu para elaborar a inveja despertada pelo outro. Concebe a inveja como um aspecto natural do ser humano, como a fome e a sede, só que insaciável – "daí sua tragédia". Ela é desencadeada por um fato social, o encontro com um alguém cujas virtudes evidenciam nossas limitações. Diz o autor (1998, p. 53): "A inveja é uma resposta emocional que surge em função da existência de carências afetivas prévias e que se estabiliza como paixão".

Elaborá-la depende dos recursos intrapsíquicos, dos valores e das possibilidades intelectuais de cada pessoa para transformar esse sofrimento em criatividade e compensar a carência. Se fracassar, tentará primeiro lutar contra essa paixão e, posteriormente, lançará suas energias contra a fonte de sua paixão – o outro, o invejado –, iniciando a violência.

Moreno não estudou diretamente o fenômeno da inveja humana, apenas o mencionou, de quando em vez, em sua obra, tangenciando, porém, várias questões relevantes ao tema, por meio do teste sociométrico. Ele cita, por exemplo, "a inveja do criador", referindo-se à rivalidade existente entre pessoas criativas, sejam elas heróis, cientistas ou revolucionários – rivalidade que poderia ser avaliada, inclusive, por meio das citações que os autores de textos científicos fazem de seus colegas:

> [...] Esse fenômeno foi denominado "inveja do criador". Pessoas como ele, precursores dos que desempenham a função de "relações-públicas" em nossa era iluminada, podem ter aparecido, frequentemente, no curso da história, heróis do povo, agindo concomitantemente como antigênios e gênios [...]. Existiram frequentemente gênios rivais em conflito entre si; o fogo foi roubado a cada geração e assim, gradualmente, a metodologia científica desenvolveu-se. (Moreno, 1992, v. 1, p. 135)[41]

> [...] Eu usei uma sociometria fria (fria porque está congelada nos livros). (idem)

Moreno parece acreditar, inclusive, que essa competitividade seja positiva para a ciência, apesar de penosa para as estrelas sociométricas, que podem ser rejeitadas por seu pioneirismo. Ele diz que "o fenômeno da inveja ao criador não deixa de ter boas características sociais; ajudou a liberar o método científico" (ibidem, p. 140). A produção psicodramática revelou profunda hostilidade, sendo reforçada por um dos dois indivíduos-chave e rivais, às vezes resultando em percepção distorcida do pioneiro e de seu trabalho. "A reação em cadeia produziu rede social de negação que pode ser denominada antipatia pelo pioneiro ou 'inveja do criador'" (ibidem, p. 136-37).

Moreno também compreendeu a força sociométrica da inveja, que por meio do boicote direto ou indireto pode relegar ao ostracismo gênios criativos: "Elogiar ou condenar, roubar ou desdenhar silenciosamente, citar ocasionalmente ou não citar o trabalho de um gênio é modo dinâmico de definir seu lugar ao sol" (ibidem, p. 139).

Vida e clínica de uma psicoterapeuta

Em relação às revoluções sociais e suas reais motivações, soterradas por trás das ideologias, Moreno sabiamente percebeu a importância que o sentimento de inveja tem quando as disputas envolvem questões de merecimento *versus* questões de direito.[42] A propósito do nazismo, ele afirma:

> Se, como é afirmado, os judeus da Alemanha ocupam situação desproporcional, de acordo com sua importância numérica, nas profissões liberais, nas artes, na indústria, isto talvez se deva a um excesso de esforço de sua parte, maior, talvez, que o despendido por alemães, igualmente talentosos. Neste caso, surgem correntes de agressão e de proteção, na tentativa de equiparar condições que pareçam ameaçar a força de certos elementos do grupo majoritário. (Moreno, 1992, v. 3, p. 128)

> Como a maioria dos grupos dependentes é alemã, podemos, então, imaginar os sentimentos de rancor surgindo entre grupos de líderes alemães, sentimentos que se aliam à convicção de que eles têm mais "direitos naturais" do que os líderes judeus de dirigir as massas de trabalhadores e fazendeiros alemães. (*ibidem*, p. 130)

Moreno sabia e buscava dar relevância ao poder que um ser humano tem sobre o outro, à importância de se sentir gostado e aceito, não só nas primeiras relações afetivas, mas em todas as relações ao longo da vida. Sempre esteve interessado nas minorias não aceitas, nos proletariados sociométricos[43] (1992, p. 225), buscando reinseri-los em algum grupo. Fez isso por meio da sociometria, sobretudo pelo teste sociométrico, cuja proposta básica era permitir que as pessoas escolhessem as relações e os agrupamentos em que gostariam de estudar, trabalhar – viver, enfim.

Ele não se ocupou de forma direta da questão da autoestima ou do narcisismo em nenhum momento de sua obra. E não o fez provavelmente pela ênfase que sempre deu aos aspectos relacionais em detrimento das questões ligadas ao intrapsíquico. O mais perto que chegou para refletir as questões da relação do eu consigo mesmo foi a formulação do conceito de *autotele* (Moreno, 1992, p. 140), usado para falar da relação da criança consigo mesma e com sua imagem, e a propósito do colapso da autoimagem dos psicóticos.

Algumas vezes, Moreno parece se referir à noção de valor pessoal, mas o termo que usa é *status*. Menciona, por exemplo, "status sociométrico" (1974, p. 234-35; 1992, v. 3, p. 194-97), que se refere ao total de escolhas que um indivíduo tem dentro de um grupo; "status do homem na ordem cósmica" (1984, p. 24), a propósito do abalo que representaram para o orgulho do homem as descobertas copernicanas.

Por conta das resistências (1992, p. 202-03) suscitadas pelo teste sociométrico, Moreno percebe que existe um medo de expor as preferências relacionais. Referindo-se aos procedimentos sociométricos, afirma:

> [...] a resistência parece, à primeira vista, paradoxal, já que surge frente à real oportunidade de ter uma necessidade básica satisfeita. Esta resistência do indivíduo contra o grupo pode ser explicada. É, por um lado, o medo que o indivíduo tem de conhecer sua posição no grupo. Tornar-se, por si próprio ou através de outros, consciente desta posição pode ser doloroso e desagradável. Outra fonte de resistência é o medo de que ela possa tornar-se manifesta para outras pessoas de quem gostamos ou mesmo de quem não gostamos e qual seria a posição no grupo que, realmente, queremos e precisamos. A resistência é produzida pela situação extraindividual de um indivíduo, pela posição que ele tem no grupo. Ele sente que sua posição no grupo não resulta de seus esforços individuais. É, principalmente, o resultado de como os indivíduos, com quem convive, se sentem em relação a ele. Poderá até sentir, ligeiramente, que além de seu átomo social existem tele-estruturas invisíveis influenciando sua posição. O medo de expressar os sentimentos preferenciais que uma pessoa tem pelas outras é, na verdade, o medo dos sentimentos que os outros nutrem por ele [...]

> [...] Estes procedimentos deveriam ser acolhidos favoravelmente, já que ajudam no reconhecimento e na compreensão da estrutura básica do grupo. Porém, este não é sempre o caso. Encontram resistência e até hostilidade por parte de algumas pessoas [...]

Vida e clínica de uma psicoterapeuta

[...] Outros indivíduos também mostraram medo das revelações que o procedimento sociométrico poderia trazer. O medo é maior em algumas pessoas e menor em outras. Umas podem estar mais ansiosas para arrumar seus relacionamentos de acordo com seus desejos atuais, outras têm medo das consequências [...] Estes e outros fatos revelam um fenômeno fundamental, a forma de resistência interpessoal, resistência contra expressar os sentimentos preferenciais que uns têm pelos outros. (Moreno, v. 3, p. 153-54)

Quanto às diferenças sociais e à injustiça em relação à distribuição de bens e qualidades, o conceito moreniano de *efeito sociodinâmico* parece descrever esse processo. Segundo ele, somos diferentes e essa diferenciação é detectada e parcialmente amenizada pelos procedimentos sociométricos. Seria, entretanto, utópico imaginar sociedades absolutamente igualitárias (*ibidem*, p. 195).

A hipótese do efeito (sociodinâmico) afirma que:

a. Alguns indivíduos de determinado grupo serão persistentemente excluídos de comunicação e de contato social produtivos.

b. Alguns indivíduos são constantemente negligenciados, muito aquém de suas aspirações, e outros, muito favorecidos, de modo desproporcional a suas demandas.

c. Surgem conflitos e tensões nos grupos à medida que o efeito sociodinâmico aumenta, ou seja, com a crescente polaridade entre os favorecidos e os negligenciados. Com a diminuição do efeito sociodinâmico – redução da polaridade entre os favorecidos e os negligenciados – diminuem os conflitos e as tensões. Surgiram, porém, questões quanto à possibilidade de haver sociedade sem efeito sociodinâmico, se tal sociedade já existiu ou existirá no futuro, e se seria superior à presente. Muitas sociedades religiosas tentaram eliminar o caráter diferencial do grupo, por meio da supressão de percepções e sentimentos de diferenciação em sua mente, segundo seus sistemas de valores que postulam que todos os homens são irmãos e iguais, filhos de Deus. A diferenciação torna-se, então, pecado mortal, e a sociometria, ciência do demônio. Outra possibilidade seria aceitar o efeito sociodinâmico como nosso destino.

Minha opinião

A inveja é um fenômeno humano universal, atemporal e inevitável. Faz parte da estrutura do psiquismo humano e atua sobre nossa cultura e organização social. A forma de lidar com esse sentimento varia de acordo com o equilíbrio emocional e a autoavaliação que cada um de nós faz de suas qualidades, capacidades e merecimentos diante das circunstâncias da vida.

Em meu livro *Sobrevivência emocional* (1998), desenvolvi a ideia de que os diferentes aspectos de nossa identidade – ou, nos termos da teoria de papéis de Moreno, nossas diferentes possibilidades relacionais – se organizam de acordo com uma espécie de "sistema de manutenção da autoestima". Acredito que nas primeiras relações de dependência se estrutura o papel central de nossa identidade. O valor que o "eu" adquire nessa primeira avaliação determinará as manobras compensatórias que ele terá de fazer para manter seu narcisismo em níveis suportáveis.

No início da vida extrauterina, a criança não sabe de onde vem o prazer e o desprazer. Experimenta os papéis psicossomáticos[44] como um todo indiscriminado – ela, o mundo, a mãe e o seio, ela e a cólica, a cólica e a mãe. Só aos poucos, conforme amadurece o sistema neurológico e por meio da repetição da experiência, a criança vai associando o prazer com a presença da mãe ou do cuidador e o desprazer com sua ausência (isso quando se trata de uma criança normal, com pais normalmente provedores). Ou seja, aquilo que inicialmente era decodificado como prazeroso, porque saciava uma necessidade fisiológica de sobrevivência, começa a ganhar certa independência, e já não precisa da necessidade fisiológica para ocorrer (Freud, 1905, p. 1119-200).[45] A presença da mãe e/ou do(s) cuidador(es) começa a gerar prazer, mesmo quando não há nenhuma necessidade para ser satisfeita. É o prazer de ser visto, tocado, cuidado, ouvido por alguém que potencialmente é mais poderoso e que me outorga certo poder se escolhe ficar comigo. O contrário também é verdadeiro – começa a existir a experiência de desprazer cada vez que o cuidador não aparece, ou aparece e não dá toda a atenção que o sujeito espera.

Esse novo tipo de prazer-desprazer é o que vai constituir aquilo que chamo de "economia narcísica"[46] ou "sistema de manutenção da autoestima", um segundo sistema no psiquismo, acoplado ao que regula o prazer e desprazer corporais, encarregado de determinar, a todo instante, o valor do "eu" para o outro (quanto o outro estima o eu) e para si mesmo (autoestima).

Sabemos, todos, por experiência própria, que existe uma dor que não é física, mas psicológica. A autoestima precisa ser mantida dentro de alguns níveis de valoração, senão produz-se dor – é a dor de não ser amado, a dor de se perceber pouco importante para o outro, a dor de se sentir vulnerável, a dor de se sentir enganado, traído, assim como a dor da inveja, de sentir que outro possui atributos que você queria para si. Isso é o que Kohut (1972, v. 2, p. 615-58) chama de *injúria narcísica* – a súbita percepção de que o eu, que se julgava valorizado por outrem e por si mesmo, na realidade pode perder o valor subitamente.

Os critérios para o eu se sentir valorizado, ou não, movem-se dentro de parâmetros ditados pelo meio familiar e sociocultural do qual o sujeito emerge; são critérios relativos e relativamente flexíveis, pois se modificam com o desenvolvimento, com o momento da vida. Entretanto, duas regras extremamente simples coordenam a estrutura central desse sistema valorativo – uma inter-relacional e outra intrapsíquica:

1. Por *inter-relacional* entendo todas as relações que uma pessoa estabelece com outras, desde as primeiras relações com a mãe e familiares até as complexas relações adultas. Nesse sentido, sempre que o eu se sente valorizado por outrem, gratuitamente ou por algo que tenha feito, seu valor intrínseco e sua autoestima sobem; o contrário também é verdadeiro, e a pessoa se sente desvalorizada quando não recebe toda a atenção que deseja.

2. Já o *intrapsíquico* é constituído pelas relações que uma pessoa mantém consigo mesma e, neste contexto, a regra para o eu saber se tem ou não valor é ainda mais simples: o eu se gosta quando é gostado e não se suporta se é rejeitado ou desprezado.

Cada pessoa possui, provavelmente, um nível ótimo de valor pessoal, que seu psiquismo precisa manter para sobreviver psicologicamente. Quando esse autovalor ou autoestima estão muito baixos, recursos defensivos são criados para tentar otimizá-los, por meio de certa compensação de forças. A violência gerada pela dor da inveja seria uma destas manobras defensivas, que busca compensar nosso autovalor diante da superioridade que percebemos no outro.

Trabalhar com a inveja terapeuticamente, por conseguinte, implica rever a vida emocional do cliente e seu narcisismo. É um trabalho que se inicia a partir de um conflito atual, mas que percorre o tempo da vida do cliente, por meio de associações cênicas e do rastreamento de repetições e transferências (Cukier, 1998, p. 69-76). O objetivo final é promover reparações no sistema mantenedor da autoestima, ou sistema narcísico do paciente, que, como vimos, consiste numa espécie de central autoavaliadora – ou, em termos morenianos, central sócio e autométrica permanente – que temos no psiquismo e que nos informa, a todo momento, nosso valor para o outro e para nós mesmos.

Como trabalhar psicodramaticamente com a inveja?

Em geral, o tema da inveja aparece indiretamente por meio de conflitos relacionais ou, mais frequentemente, da observação do cliente de que os outros têm inveja dele. Nunca recebi um caso em que a pessoa identificasse seu problema como um excesso de inveja, pela vergonha que essa declaração promoveria. Dessa forma, é importante que trabalhemos essa questão de forma indireta também, seguindo as sinalizações do cliente. O psicodrama nos oferece muitos recursos para avançar, desde as cenas atuais de um conflito relacional até o drama intrapsíquico, no qual se desvendam temas como a autoestima e o narcisismo. O trabalho com cenas regressivas (Cukier, 1998, p. 69-76) e suas repercussões atuais é o mais profundo nesse sentido.

Talvez o mais difícil seja iniciar o aquecimento para que o paciente se predisponha a abordar o tema da inveja. Pode-se fazê-lo de forma sutil, utilizando a inversão de papéis sempre que a demanda venha na forma de: "O outro me inveja". Nesse caso, pede-se ao paciente que ele seja o outro que inveja, ponha-se em sua postura, experimente a vida um pouco como se fosse ele. Deve-se explorar bem essa inversão, sobretudo o sentimento de raiva que os atributos do rival causam no cliente.

A inversão de papéis permite também que o cliente vivencie a temática da inveja dos dois lados: sendo o invejado e o invejoso. Em ambos, podemos pedir associações com situações já vividas e aprofundar a psicodinâmica.

A interpolação de uma escultura dessa relação conflituosa é muito útil para trabalhar esse tema a distância. Tive uma cliente que se queixava de quanto sua cunhada, muita rica, invejava sua disposição para trabalhar e lutar pela vida. Ao jogar o papel da cunhada, pedi que ela me falasse de como a riqueza aparecia em sua forma de ser – se nas roupas, na postura etc. A cliente imediatamente pôs-se a descrever com detalhes as marcas de seu vestuário, suas bolsas assinadas, suas compras numa boutique de moda cara etc. Sua postura era majestosa, movia-se como uma rainha; pedi-lhe, ainda no papel da cunhada, que falasse o que achava de minha cliente, e a primeira coisa dita foi: "Ela é pobretona, veste-se mal, compra roupas numa rua de comércio popular". Em seguida, pedi-lhe que olhasse a distância essa relação e criasse uma escultura de barro de duas pessoas que se relacionavam assim. Como seria essa escultura? Que postura teria a rica e que postura teria a pobre? Depois lhe pedi que nomeasse a escultura. O nome que a cliente deu foi: a escrava e a rainha.

A temática da escrava e da rainha foi a tônica de toda a terapia dessa cliente, que, aos poucos, enfrentou seu sentimento de inferioridade na infância. Muitas cenas foram dramatizadas – cenas na escola primária, em que precisava sempre pedir emprestado o material escolar porque seus pais não podiam comprar; cenas nas refeições familiares, nas quais não havia carne para todos e os pais não comiam, gerando culpa nos filhos; cenas, enfim, em que ela aprendeu a não querer coisas que não poderia ter e odiar pessoas que as tinham.

Compreendendo a dor e impotência infantis e aprendendo a não sucumbir a elas nem utilizar as mesmas defesas de outrora, a cliente pôde perceber que era adulta, ganhava bem e podia se dar coisas, objetos e confortos de que gostaria. Na última sessão da terapia trouxe uma bolsa, de uma marca famosa, dizendo que tinha sido um presente para si mesma, depois de ter tido coragem de olhar para sua vida. Nunca mencionamos a palavra inveja durante seu processo terapêutico, e sua cunhada desapareceu, aos poucos, de seus conflitos.

A técnica do duplo é desaconselhável na temática da inveja. Falar para um cliente que ele sente inveja é quase dar-lhe um tapa na cara, o contrário da ideia de um trabalho sutil. Já o espelho, que favorece um olhar distanciado do conflito, é de grande auxílio terapêutico. No caso relatado acima, muitos *insights* foram obtidos quando a cliente, olhando a distância a cena que acabara de jogar com a cunhada, era remetida à lembrança de outra cena, em outro contexto, no qual também se sentia escrava. O espelho favorece a percepção da cadeia transferencial.

Metáforas, maximizações, concretizações, jogos dramáticos são todas possibilidades de ação úteis e desejáveis especialmente no psicodrama grupal, em que a temática da inveja surge *in situ*, envolvendo todos os participantes do grupo, inclusive o terapeuta e o ego-auxiliar. São frequentes na clínica situações grupais nas quais algum cliente se ressente da atenção que eu, como terapeuta, dou para outro. Nesse ciúme revelado, repetidas vezes percebe-se aflorarem, após algum trabalho, sentimentos de inferioridade em relação ao rival e associações com situações da família primária.

A loja mágica, onde o cliente compra, simbolicamente, diferentes tipos de características, ao mesmo tempo que vende ou troca traços de caráter ou personalidade, costuma ser útil para aclarar o que é cobiçado no outro.

Um aspecto muito importante no trabalho terapêutico com a inveja é auxiliar o cliente a fazer o luto do ideal de justiça do mundo, a aceitar a realidade injusta da vida. Igualmente importante é aceitar o sentimento de inveja, sem se desqualificar, percebendo que é uma emoção humana, mas que não tem de se tornar uma obsessão, nem conduzir ações de vingança ou ódio. O cliente precisa também legitimar o desejo que está implícito na inveja e empreender ações para obtê-lo. A técnica do *role-playing* é muito boa para aprender e testar novos papéis, atitudes e aspirações.

À guisa de conclusão, devo dizer que uma terapia eficiente para a inveja ajuda o cliente a reduzir sua vergonha, aumentar seu autovalor, contemplar seus próprios desejos e se abrir para a riqueza da vida. Menos força psíquica será utilizada para se comparar com os outros, e mais será convertida em compaixão por si mesmo e por todos que lutam para ter a melhor vida que podem.

8. Estresse pós-traumático: NOVIDADES, TRATAMENTO E PSICODRAMA[47]

O estudo das reações humanas ao trauma tem crescido substancialmente nos últimos anos. O que antes parecia um evento raro, circunscrito às histerias estudadas por Freud (1914, p. 1901), ressurge em forma de inúmeras guerras espalhadas pelo globo, em sobreviventes de tragédias naturais – terremotos, tsunamis – e nos sintomas generalizados de ansiedade das vítimas de abuso infantil e violência doméstica.

Ganhou-se um entendimento maior de como o cérebro humano funciona em situações extremas e, apesar das diferentes origens do trauma, pessoal ou coletivo, os sintomas produzidos tanto na clínica individual quanto nos campos de guerra apresentam enormes semelhanças entre si: estados dissociativos, fragmentação da personalidade, desordens afetivas e ansiosas, somatizações, tendências ao suicídio, pensamentos e imagens intrusivas, repetição de situações de perigo e abuso pessoal, pesadelos, insônia, entre outros.

Os estudos contemporâneos têm se preocupado em responder algumas questões pragmáticas, como:

1. Há diferenças no tratamento quando o trauma é pessoal ou coletivo?
2. Quais são os tratamentos mais eficientes para a diversidade de sintomas encontrados?
3. Como treinar clínicos para atuar de forma eficiente em cada situação?

Devido à ampliação do campo de trabalho, no entanto, surgiram inúmeras terapias novas, cada uma reclamando para si eficiência e

Vida e clínica de uma psicoterapeuta

rapidez comprovada, fazendo que terapeutas das velhas escolas psicodinâmicas se assemelhem a "dinossauros", supostamente sem recursos
no tratamento dessas questões. Não acredito em soluções rápidas, apesar de desejar que elas existam, e o "dinossauro" em mim sempre fica
muito animado com as novidades.

Procuraremos discutir aqui alguns desses temas, e levantar outras
questões, especificamente a forma como o psicodrama – enriquecido
por conhecimentos vindos dessas novas práticas terapêuticas – pode
ser utilizado para conter a gama de sintomas apresentados pelos pacientes traumatizados no passado, auxiliando-os a readquirir segurança no momento presente e a se reconectar com o mundo à sua volta,
prosseguindo com seu desenvolvimento.

Breve história do diagnóstico de traumas psíquicos

O ser humano sempre esteve exposto a traumas, ou seja, a situações
em que a vítima se vê sem poder, tendo de se submeter a uma força
esmagadora. Ataques, quaisquer que sejam – mamíferos predadores
gigantes, terremotos, atentados terroristas, abusos sexuais, físicos e
emocionais na infância –, são exemplos de situações traumáticas que,
apesar de sua natureza desigual, causam sequelas psicológicas simila-
res nos sobreviventes.

A descrição do trauma e de seus efeitos psicológicos é bem antiga.
Na Grécia Clássica, a *Ilíada*, de Homero, nos oferece um quadro extraordinariamente preciso de sintomas semelhantes àquilo que hoje
designamos por "estresse pós-traumático" (Shay, 1994); entretanto, a
compreensão de sua etiologia é inconstante, feita por ciclos, como se a
ciência e a sociedade compreendessem, mas negassem ou esquecessem
o que compreenderam muitas vezes, ao longo dos três últimos séculos (Herman, 1992). Também inconstante é a utilização de terapias
– como, por exemplo, a hipnose, que pareceu, em algum momento,
a "solução para o problema", e, no momento seguinte, uma terapia
menor, menos eficiente.

131

Primeiro ciclo: histeria (1859-1879)

O primeiro ciclo de compreensão ocorre nas duas últimas décadas do século XIX, quando expressões como "choque nervoso" e "histeria" começaram a ser usadas para descrever situações clínicas nas quais as somatizações estavam presentes. É necessário pontuar o lugar impotente da mulher na sociedade patriarcal; poucos estudos envolviam a saúde de mulheres e crianças, que começaram a ter papel de destaque graças às somatizações e aos sintomas estranhos que apresentavam.

Paul Briquet (1859),[48] em seu *Tratado da histeria*, define essa doença como neurose cerebral, relacionada à expressão de emoções e paixões, sendo mais frequente em mulheres por serem mais "impressionáveis".

Jean-Martin Charcot (1825-1893), neurologista francês bastante famoso em sua época, fazia demonstrações públicas utilizando a hipnose com histéricas, provando que os sintomas físicos que elas apresentavam (paralisias, cegueira, surdez, convulsões) eram causados por ideias mórbidas e não por deficiências orgânicas, forças maléficas incompreensíveis ou bruxaria. Pierre Janet (1859-1947), psicólogo e aluno de Charcot, também priorizou as causas psicológicas no desencadeamento do quadro histérico.

Já no final do século XIX, Sigmund Freud (1856-1939), em colaboração com Breuer, começou a pesquisar a etiologia da histeria, postulando, inicialmente, que essa neurose seria causada por lembranças reprimidas de abusos sexuais sofridos na infância. Num segundo momento, porém, e diante da impossibilidade de admitir que toda a sociedade masculina vienense era perversa e abusava de suas mulheres e crianças, Freud mudou de ideia e atribuiu os sintomas da histeria à fantasia sexual da criança, criando a "Teoria da sedução infantil" (1896/1973). Ferenczi (1933/1955) foi o único entre os seguidores de Freud que validou como verídicas as histórias de abuso sexual infantil de seus pacientes.

Na virada do século, o impulso político que deu origem à era heroica da histeria se dissipou (Herman, 1992, p. 17). A hipnose e os estados alterados de consciência de novo foram relegados ao campo do oculto, e o estudo do trauma psicológico parou. Depois de um tempo, a própria histeria foi considerada desaparecida (*ibidem*, p. 15).

Segundo ciclo: estresse pós-traumático e Primeira Guerra Mundial (1914-1918)

O segundo ciclo de estudos sobre o estresse pós-traumático ocorreu entre 1914 e 1918, por ocasião da Primeira Guerra Mundial, quando mais de 8 milhões de pessoas morreram e o império europeu foi destruído. Nessa guerra, possivelmente por ter sido a primeira de tamanha envergadura, os homens que iam lutar se viam envolvidos numa aura de heroísmo e civismo – eram considerados heróis ou covardes se não se alistassem.

Estima-se que 40% das forças militares inglesas apresentaram "colapsos mentais" que, entretanto, foram escondidos da população geral, por medo da desmoralização das tropas. Fazia-se necessário encontrar um diagnóstico e tratamentos eficientes, para que os homens afligidos voltassem ao campo de batalha rapidamente. Inicialmente, pensou-se que haveria uma causa física para essa doença: talvez a constante exposição ao estouro de bombas (chamado de "choque de bombas") fosse a causa da sintomatologia apresentada (Myers, 1916, p. 65-69). Essa tese, porém, não se sustentou por muito tempo, já que outros soldados, que não estiveram expostos a bombas, também começaram a apresentar sinais de doença mental.

Voltou-se, então, a utilizar o velho recurso de chamar de covardes, fracos e inválidos morais os soldados doentes, que sofriam punições, xingamentos, choques elétricos e corte marcial em vez de tratamento (Yealland, 1918) – lembrem-se de que as histéricas também foram primeiramente consideradas loucas, fracas e bruxas.

Aos poucos, foi sendo provado que bons soldados também poderiam ficar doentes, e outras psicoterapias foram propostas. Um médico britânico, William Halse Rivers, advogou um tratamento mais humano, conseguindo bons índices de sucesso terapêutico, chegando inclusive a demonstrar que a melhor motivação para a cura não era o patriotismo abstrato ou o ódio ao inimigo, mas o retorno à relação de fraternidade e companheirismo estabelecida entre os soldados (Herman, 1992).

Alguns anos após o fim dessa guerra, no entanto, o interesse social e médico pelo tema decresceu, apesar de os hospitais de veteranos estarem cheios de soldados com sequelas.

Rosa Cukier

Terceiro ciclo: neurose de guerra – Segunda Guerra Mundial (1939-1945) e Guerra do Vietnã (1955-1975)

Em 1922, um jovem psiquiatra americano – Abram Kardiner, ex-analisando de Freud em Viena –, trabalhando numa clínica psiquiátrica de veteranos, desenvolveu uma teoria sobre traumas de guerra usando a psicanálise. Só em 1939, contudo, depois de se formar em Antropologia e com uma visão amplificada das influências socioculturais sobre a personalidade, ele percebeu a necessidade de políticas públicas que amparassem os estudos sobre traumas de guerra.

The traumatic neuroses of war (1947), livro publicado por Kardiner em 1941, descreve extensamente a "síndrome da guerra", reconhecendo seu paralelo com a histeria, inclusive a forma depreciativa como o mundo científico encarava as duas patologias. Kardiner, tal como Janet e Freud, observou que "os pacientes agiam como se a situação traumática original ainda existisse e buscavam desenvolver condutas de autoproteção que não puderam ter na ocasião original" (*ibidem*, p. 82).

Com o advento da Segunda Guerra Mundial, houve uma reedição do interesse na neurose de guerra. Era preciso curar os soldados para fazê-los voltar rapidamente para a frente de batalha. Já se reconhecia, claramente, que qualquer soldado poderia apresentar um colapso e alguns autores afirmavam que 200 a 240 dias num combate armado bastavam para afetá-los. Ninguém se acostuma com a guerra nem com o abuso emocional, físico ou psicológico.

Em 1947, Kardiner, continuando suas pesquisas, reitera a hipótese de Rivers sobre a importância da relação afetiva dos soldados entre si e com seu líder, para a recuperação dos traumas de guerra. Como tratamento e com o intuito de uma intervenção breve que não separe o soldado de sua unidade, foram resgatados a hipnose, o grupo terapêutico e a narcossíntese[49] (Shalev e Ursano, 1990 *apud* Van der Kolk *et al.*, 1996, p. 59). Também começaram a ser reutilizados tratamentos antes usados com as histéricas, como a "cura pela fala", a rememoração de experiências traumáticas e a catarse.

Kardiner foi um bom observador e questionava os tratamentos utilizados, mencionando dúvidas quanto à utilização da rememoração

134

dos fatos traumáticos. Será que não seria melhor focar o tratamento na estabilização dos sintomas? – temas ainda hoje debatidos por Van der Kolk *et al.* (1996, p. 47-76).

De qualquer forma, a hipnose como cura rápida foi muito popular nessa época, uma vez que o soldado rapidamente voltava ao campo de batalha – ninguém parecia estar muito interessado nas sequelas em longo prazo ou na saúde psicológica daqueles que retornavam. Estudos longitudinais sobre os efeitos do trauma de guerra nos combatentes só foram realizados após a Guerra do Vietnã, motivados pelos próprios soldados, descontentes com o conflito armado (Herman, 1992, p. 26). Uma organização denominada Veteranos do Vietnã contra a Guerra, formada por soldados reconhecidos por sua capacidade e coragem, devolveu suas medalhas de guerra e expôs na mídia os horrores e crimes que cometeram durante o combate. Começaram a organizar grupos rápidos, entre colegas, para compartilhar os traumas, coordenados por psiquiatras simpatizantes, que ofereciam assistência profissional.

Foi o testemunho desses soldados que mostrou os efeitos perenes dos traumas na vida dos indivíduos. Não é possível se curar rápido ou esquecer quando a guerra, a infância abusiva ou a catástrofe termina. As marcas e os efeitos deletérios no organismo humano continuam para sempre, e possivelmente nunca mais a pessoa funcionará como antes. Esses soldados lutaram para não ser esquecidos ou desmerecidos, insistiram em seus direitos e dignidade. Judith Herman cita um soldado, Michael Norman, que lhe diz: "Nossa raiva é igual à raiva de qualquer homem civilizado a quem se manda matar em nome da virtude!"

Em 1980, a Síndrome do Trauma Psicológico se tornou um diagnóstico real, sendo incluída pela primeira vez no Manual Diagnóstico e Estatístico de Transtornos Mentais da Associação Americana de Psiquiatria. Atualmente, chamamos o conjunto de sintomas que compõem essa síndrome de Estresse Pós-Traumático – TEPT (DSM-5, 2013, p. 271).

Rosa Cukier

Movimentos feministas e políticas públicas de proteção a mulheres e crianças contra o abuso sexual e a violência doméstica

A questão da violência doméstica e sexual contra mulheres e crianças foi vista rapidamente por Freud ainda no final do século XIX. Todavia, não sustentou seu olhar e mudou completamente o foco da questão, enveredando por outros caminhos teóricos que, de novo, apontavam para a inferioridade feminina.

No século XX, foi o estudo dos traumas de guerra que mobilizou o interesse dos cientistas, e só a partir dos movimentos feministas dos anos 1970 reconheceu-se que os traumas causados pela violência contra mulheres e crianças são mais frequentes do que os traumas de guerra.

Por muitos anos, e ainda agora, a privacidade da vida doméstica encobriu e tornou segredo o que se passava no interior do lar. Nunca houve palavras para nomear a tirania da vida privada. Abuso físico, sexual, psicológico, emocional, social (Cukier, 1993) - todos esses são termos relativamente novos para nomear o "problema sem nome" que acometia mulheres e crianças.

Trabalhos em grupos de sensibilização, como os grupos de veteranos de guerra, permitiram que as mulheres finalmente compartilhassem sua intimidade e expusessem as vergonhas e humilhações que sofriam. No consultório privado, as mulheres que denunciaram seus estupros foram desacreditadas, mas, nos grupos, essa denúncia ganhou força. A primeira conferência pública sobre estupro foi levada a efeito em 1971, pelas feministas radicais de Nova York, e o primeiro tribunal de crimes contra a mulher iniciou suas atividades nos Estados Unidos em 1975. Nesse mesmo ano, foi inaugurado um centro de pesquisa sobre o estupro, e, em 1980, um estudo epidemiológico realizado por Diana Russel estimou que uma em cada quatro mulheres já havia sido abusada sexualmente na infância (Herman, 1992).

O estupro foi ressignificado como crime não só sexual, mas de violência. Uma forma masculina de domínio e controle político das mulheres, em que a arma é a genitália masculina.

Em 1972, a enfermeira psiquiátrica Lynda Holmstrom estudou os efeitos psicológicos do estupro, definindo a "Síndrome do Trauma por Estupro", que é extremamente semelhante à "Síndrome de Guerra", hoje chamada de "estresse pós-traumático".

Os trabalhos originais sobre abuso sexual se referiam ao estupro de rua, com mulheres adultas e cometido por estranhos; aos poucos, foram sendo incluídas outras formas de violência, que ocorriam na intimidade das relações familiares – contra mulheres e crianças também.

Só após 1980, quando se legitimou o diagnóstico do "transtorno de estresse pós-traumático" (DSM-5, 2013, p. 271), foi que se percebeu que a síndrome psicológica observada em sobreviventes de estupro e violência doméstica é semelhante à dos veteranos de guerra. A histeria de meados do século XIX é a neurose de guerra resultante dessa batalha dos sexos, em que o homem domina a mulher com sua força física e genitália (Herman, 1992, p. 32).

A história dessa patologia mostra claramente que, sem suporte político e social, conhecimentos científicos sucumbem à força dominante.

O que o trauma causa no corpo humano?

O trauma deixa sequelas profundas e muitas vezes perenes no corpo humano. Em 1915, Walter Bradford Brannon inventou o termo "luta ou fuga" para descrever a resposta de um animal a ataques e ameaças graves. Hoje sabemos que o congelar, paralisar também faz parte desse conjunto de respostas.

Lutar ou fugir são respostas referentes à sobrevivência, quando os animais julgam que há esperança e chance de superação do perigo. Nesse caso ocorre uma complexa rede de conexões fisiológicas que se inicia na amígdala (primeira a detectar o perigo), indo para o hipotálamo, que, por sua vez, comunica o sistema nervoso simpático. Esse envia sinais para as glândulas suprarrenais, que acionam uma cascata química de hormônios (epinefrina, adrenalina, noradrenalina, cortisol etc.), diminuindo a sensação de dor e preparando o organismo para lutar ou fugir.

Quando não há esperança, o organismo animal (homem, inclusive) usa uma sabedoria acumulada ao longo de muitos anos de evolução: ele congela suas funções vitais, simulando a própria morte. Com isso, a pressão sanguínea cai drasticamente, reduzindo a perda de sangue (se ele estiver ferido), e há um benefício eventual adicional, que é de se tornar repulsivo para o predador, pois sabemos que muitos animais só comem presas vivas, evitando as putrefatas.

Paul Maclean descreveu em 1952 a natureza tripartida do cérebro humano, mostrando como ele evoluiu de estruturas reptilianas primárias, ligadas à sobrevivência, para aquelas mais complexas, como o cérebro límbico e o córtex pré-frontal. Porém, no trauma, como bem demonstraram LeDoux e Van der Kolk (1996), regredimos em nosso funcionamento cerebral, pois o neocórtex sofre alterações funcionais, liberando hormônios que o tornam entorpecido.

Pacientes traumatizados, que sofreram múltiplos abusos ou acidentes graves, violência, costumam apresentar sequelas, sobretudo se o trauma ocorre na infância ou na adolescência, momentos de grande desenvolvimento biológico. Seu sistema imunológico e os sistemas de resposta ao estresse costumam ficar hiper-responsivos, desproporcionais, como se o perigo nunca tivesse passado. Apresentam mais queixas físicas crônicas e recorrentes, como dores de cabeça ou dores de estômago, e, mais frequentemente, se engajam em comportamentos de risco, como tabagismo, uso de substâncias, direção imprudente etc.

Sintomas do transtorno do estresse pós-traumático (TEPT)

Os sintomas do transtorno de estresse pós-traumático podem surgir de repente, de forma gradual, ou ir e vir ao longo do tempo, acionados por lembranças, ruídos, imagens, palavras ou cheiros.

Judith Herman (1992) categoriza os sintomas em três grandes grupos, como veremos a seguir:

1. Sintomas de superexcitação
2. Sintomas de intrusão
3. Sintomas de constrição

Sintomas de superexcitação

Depois de uma situação traumática, o corpo humano desenvolve uma excitação crônica do sistema nervoso autônomo, preparado para lutar ou fugir, mas completamente disfuncional quando a situação traumática desaparece. É como se tivéssemos ligado um reator e não soubéssemos desligá-lo.

Um sistema de alerta permanente e crônico se estabelece, gerando sintomas como: episódios de pânico (coração acelerado, transpiração, calor, medo de morrer...), distúrbios do sono, pesadelos, insônia, dificuldade de concentração, irritabilidade, hipervigilância (estado de alerta, como se algo ruim fosse acontecer), tremores, agitação excessiva, hiper-reatividade (assustar-se facilmente, por exemplo), reações físicas intensas ao lembrar-se do evento (coração acelerado, respiração rápida, náuseas, tensão muscular, sudorese) e ansiedade generalizada.

Sintomas de intrusão

Na intrusão, o que se observa é a permanência do evento traumático, mesmo tendo se passado muitos anos, não só na memória lógica, narrativa, mas nas sensações e emoções do paciente. É como se a vítima tivesse sua vida normal interrompida por um filme indesejado que se intrometesse no dia a dia, e muitas vezes no sono, obrigando-a a reviver o trauma frequentemente. Cheiros, sons, cores, luzes, tudo pode acionar, repentinamente, esse mecanismo de revivência. São os chamados *flashbacks* – lembranças espontâneas, involuntárias e recorrentes – e os pesadelos, extremamente vívidos, que atormentam a vida dos sobreviventes.

Há várias tentativas de explicação desse fenômeno. Freud, inicialmente, chamou-o de "compulsão à repetição", uma forma de a vítima treinar e ganhar controle da situação traumática. Depois, mais para o final de sua vida, Freud teorizou que essa repetição compulsiva seria uma expressão do "instinto de morte". O psiquiatra Bessel Van der Kolk (1992) especula que, quando o sistema nervoso simpático fica num estado de alta excitabilidade, a memória linguística não é codificada, apenas a memória de imagens e sensações.

Sintomas de constrição

Quando uma pessoa não consegue nem lutar, nem fugir, e fica completamente sem poder na mão de seu algoz, seu sistema nervoso se fecha e congela, produzindo um estado alterado de consciência, um entorpecimento. Nesse estado, ela fica separada do próprio corpo, como que assistindo de longe ao que se passa, numa calma estranha, em que a raiva e a dor se dissolvem e até a noção de tempo se altera.

Pode-se dizer que esse estado é o mesmo da dissociação defensiva, que se obtém na hipnose, e é uma propriedade normal do ser humano, uma espécie de morfina fisiológica, utilizada espontaneamente para reduzir a percepção da dor.

Especula-se que o trauma prolongado pode criar alterações permanentes na regulação dos opioides naturais do sistema nervoso central (Herman, 1992), de tal forma que, ao término da situação traumática, o cérebro da pessoa não consegue mais funcionar normalmente, ficando ela permanentemente meio dissociada, com lapsos de memória e falhas no pensamento lógico.

Os principais sintomas de constrição são: distanciamento emocional (fuga e esquiva de qualquer estímulo que possa desencadear o ciclo das lembranças traumáticas), vazio, perda de esperança e expectativa de futuro (profissional, familiar e de vida), perda de interesse por atividades que eram agradáveis no passado, sensação de impotência, perda de memória, sentimento de culpa, sentimento de vergonha, depressão, desesperança e hipocondria.

Estudos estatísticos sobre eficácia terapêutica e estresse pós-traumático

Agradeço a colaboração da psicodramatista Cecilia Zylberstajn na pesquisa deste texto.

Uma breve revisão de estudos estatísticos dos últimos anos a respeito da eficácia terapêutica das várias abordagens para o estresse pós-traumático aponta, à primeira vista, uma ligeira vantagem para as

Vida e clínica de uma psicoterapeuta

abordagens de EMDR[50] e CBT,[51] sobretudo se ambas as técnicas forem adaptadas para focar no trauma (Jonathan *et al.*, 2007, p. 97-104).

Fala-se em terapia cognitiva (Judith, 2001), terapia comportamental cognitiva (Courtney, 2011, p. 179-89), terapia comportamental cognitiva focada no trauma (Cohen *et al.*, 2000, p. 1202-23), enfim, as abordagens tornam-se específicas para os transtornos mentais que estudam, e criam protocolos especiais com técnicas advindas de fontes não específicas.

A Terapia Somática (SE)[52] tem poucos estudos estatísticos, mas começa a ganhar evidência. Gina Ross (2015),[53] num estudo ainda não publicado, comparou 63 pessoas em terapia somática com um grupo-controle de lista de espera – ambos os grupos diagnosticados com Transtorno do Estresse Pós-Traumático (TEPT), pelos critérios do DSM-IV. A análise estatística mostrou que tanto os sintomas do TEPT como de depressão decresceram de forma estatisticamente significativa no grupo de tratamento e se mantiveram iguais no grupo controle.

A terapia por exposição, imaginária ou ao vivo,[54] é uma técnica, entre outras, do EMDR (Dessensibilização e Reprocessamento através de Movimentos Oculares), bem como da terapia cognitiva. Além disso, é frequentemente utilizada no psicodrama, seja em um psicodrama interno ou em uma montagem de cena em que o paciente revive seus papéis. Estatisticamente, há sinais de que essa técnica seja muito eficiente com pacientes traumatizados.

Uma revisão de 2012 mostra estatísticas extensas favoráveis a esse método (Rauch, Eftekhari e Ruzek, 2012, p. 679-87), e poucas sessões parecem necessárias para o alívio de sintomas complexos (Richards, Lovell e Marks, 1994, p. 669-80). Já outros estudos recentes postulam que o método não é mágico e pode inclusive piorar os sintomas e retraumatizar os pacientes (Olatunji, Deacon e Abramowitz, 2009, p. 172-80; Lee e Cuijpers, 2015, p. 226-28).

Desde sua descoberta, a EMDR tem sido considerada um dos tratamentos de escolha para PTSD (*Post-Traumatic Stress Disorder*), embora estudos sobre sua eficácia tenham inúmeras dificuldades metodológicas (Cahill, Carrigan e Frueh, 1999, p. 5-33) e, na opinião de alguns autores, "o que é eficaz na EMDR é a técnica da exposição imaginária, que, aliás, é uma técnica já antiga, compartilhada por várias abordagens teóricas, inclusive o psicodrama". A grande novidade da EMDR – a estimulação bilateral de olhos ouvidos ou pele, para reunificar a linguagem dos hemisférios cerebrais –, por seu lado, não é comprovadamente eficaz, como apontam McNally (1999, p. 1-7) e Pitman (1996, p. 419-29).

Avaliações estatísticas da eficácia das psicoterapias interpessoais[55] e psicoterapias psicodinâmicas de longa duração com o estresse pós-traumático são mais escassas, mas trazem resultados positivos (Ulrich *et al.*, 2006, p. 125-44). Um estudo, que compara a terapia interpessoal com a terapia da exposição para pacientes depressivos, conclui que nem sempre a exposição é benéfica e que a terapia interpessoal é mais eficaz em alguns casos (Markowitz *et al.*, 2015, p. 430-40). Outro trabalho, ainda, revela que não há diferenças significativas entre a terapia cognitiva e a psicoterapia psicodinâmica no tratamento de veteranos de guerra (Ofir *et al.*, 2016, p. 298-307).

Em relação ao psicodrama,[56] as estatísticas são mais escassas ainda. Uma meta-análise – realizada com base em 25 estudos experimentais, com patologias diversas – aponta um resultado bastante positivo, quando comparado a grupos de psicoterapia em geral. As técnicas do duplo e da inversão de papéis foram as intervenções mais eficazes (Kipper e Ritchie, 2003, p. 13-25). Pesquisas empíricas sinalizam que a psicoterapia vivencial pode ser muito efetiva no estresse pós-traumático (Elliot *et al.*, 1996; Elliot *et al.*, 1998).

Como é possível ver nessa breve incursão na estatística dos tratamentos psicoterápicos, controvérsias não são poucas nessa área. Decisões complexas sobre o desenho dos estudos têm de ser tomadas: qual método estatístico utilizar, como padronizar a amostragem, vantagens e desvantagens de se utilizar grupos de controle, avaliações antes e depois dos tratamentos, meta-análises para generalizações mais seguras e, finalmente, estudos longitudinais que comprovem a permanência do sucesso terapêutico. Para resumir, quase todos os estudos que pesquisei apresentavam um ou outro problema metodológico.

Apesar disso, os métodos terapêuticos comprovados cientificamente são considerados mais eficazes e acabam sendo mais recomendados, sobretudo diante de políticas de saúde pública que privilegiam resultados em curto prazo.

Comprovar que um método é eficiente não é o mesmo que afirmar que os outros métodos não o sejam. Com essa falácia, as terapias menos estudadas no tratamento de TEPT, incluindo o psicodrama, acabam sendo marginalizadas. É, portanto, extremamente importante que nós, psicodramatistas, nos aventuremos por esse caminho árido, sob pena de ver um método tão criativo e eficiente como o nosso ficar soterrado nos escombros de outras psicoterapias.

O estresse pós-traumático e o psicodrama

O psicodrama, como anuncia seu criador, visa tratar a humanidade. Para isso criou a psicoterapia de grupo, hoje amplamente utilizada em suas diferentes formas.

Experiências traumáticas ocorrem no plano individual e coletivo e referem-se a eventos extraordinariamente estressantes, que destroem o sentimento de segurança, e fazem indivíduos e populações se sentir impotentes e vulneráveis em um mundo perigoso. É o caso de catástrofes naturais como terremotos e enchentes, catástrofes sociais como as grandes guerras e o terrorismo e catástrofes pessoais, acidentes, roubos, sequestros, estupros, violência doméstica etc.

O sonho do criador do psicodrama de tratar a humanidade parece extremamente adequado aos tempos atuais (Cukier, 2001, p. 171). Além disso, o trauma interrompe e impossibilita a resposta de defesa do organismo, congelando as funções cognitivas e deixando o corpo terrificado e sem possibilidade de defesa. Terapias verbais são ineficientes, e uma mobilização do corpo é necessária para tentar resgatar a potência muscular e restaurar as funções cognitivas (Cukier, 2004, p. 143-150). O psicodrama foi uma das primeiras terapias corporais e é extremamente adequado na utilização da linguagem corporal.

A única desvantagem do psicodrama é ser um corpo teórico pouco investigado e avaliado estatisticamente. A priorização da relação terapeuta-paciente na dimensão da espontaneidade de ambos é muitas vezes apontada como oposta à sistematização que o método científico exige. Com a preocupação de sistematizar o trabalho psicodramático e mostrar sua eficácia, Kellerman e Hudgins (2010) reuniram, num livro magnífico, as sugestões técnicas de vários autores para o trabalho com estresse pós-traumático.

Kellermann (1992) mostra seis estratégias técnicas do psicodrama extremamente adequadas para trabalhar com os sintomas do estresse pós-traumático:

1 e 2. A simples dramatização dos eventos traumáticos permite, simultaneamente: a) que o cliente revisite fatos dolorosos num ambiente seguro, e b) que reprocesse cognitivamente o ocorrido, mas sem o efeito de torpor que costuma ocorrer durante o trauma.

3. A catarse emocional que acompanha a dramatização ajuda a drenar resíduos emocionais da situação traumática.

4. A realidade suplementar agrega novas possibilidades de ação e reação e expande o mundo interno do cliente.

5. O trabalho com foco nos relacionamentos humanos ajuda a prevenir o isolamento frequente de pacientes traumatizados.

6. O sociodrama ajuda a socializar a dor individual e promove ações coletivas de proteção e ressignificação dos eventos traumáticos, além de transformar o papel de vítima no de sobrevivente.

Blatner e Bouza e Espina Barrio (*apud* Kellermann e Hugins, 2010) destacam as dificuldades da elaboração do luto em pessoas traumatizadas. Trata-se de metabolizar a perda não só de pessoas amadas (no caso de colegas de guerra, parentes, separações), mas também de partes do próprio corpo e de papéis que a pessoa assumia nas relações que se foram. Para Blatner, o trabalho de luto é como uma ferida, que leva tempo para cicatrizar, e não pode ser imposto. Pode, contudo, ser facilitado, feito de um modo gentil. A pessoa em situação de perda grave e luto patológico transita entre estados adultos de aceitação da realidade e outros mais regredidos e infantis, em que nega e se comporta como se pudesse mudar o acontecido. O terapeuta deve ficar neutro e deixar o paciente pendular entre esses dois estados, até que

Vida e clínica de uma psicoterapeuta

a realidade finalmente seja aceita. Ele propõe a técnica do "encontro final", que é uma realidade suplementar utilizando a cadeira vazia: "Vamos imaginar que esta pessoa (ou sua perna, seu grupo, seu filho) pudesse voltar, e que vocês pudessem conversar. O que você lhe diria?" Três conjuntos de perguntas podem ser formuladas pelo diretor, que deve, na entrevista, ajudar o paciente a responder de forma detalhada: "O que tínhamos em comum?", "O que você significou para mim?", "O que eu signifiquei para você?"

Já Bouza e Espina Barrio chamam atenção para o psicodrama antropológico, que busca recuperar os rituais de passagem ligados à morte (morte em casa, velório, exaltação do morto, choro), e argumentam que nossa cultura ocidental, além de evitar o enfrentamento da morte, oferta-nos catástrofes coletivas (como as guerras), que banalizam a importância da vida humana. Também propõe vinhetas e cenas nas quais se faz um encontro com a pessoa (ou parte do corpo, função, sonho) que foi perdida. Destacam que o luto se elabora por fases, normalmente ao longo do primeiro ano. Resumem essas fases da seguinte forma:

1. Não! Não é verdade, isso não aconteceu!
2. Sim, mas não. Aconteceu, mas eu não consigo aceitar e lidar com isso.
3. Sim, aconteceu e eu preciso aceitar e lidar com isso.

Marcia Karp (*apud* Kellermann e Hugins, 2010), trabalhando com vítimas de tortura e estupro, fala da importância de um terapeuta cuidadoso, empático e extremamente protetor para não retraumatizar a vítima – por exemplo, pede para os demais participantes ficarem de costas e evitarem olhar a protagonista envergonhada. Sua abordagem prioriza proporcionar novas visualizações e verbalizações, para reprocessar, cognitiva e afetivamente, a experiência traumática. Além disso, procura empoderar o paciente, dando-lhe controle da cena traumática e deixando que ele próprio a modifique, conforme sua necessidade.

Frequentemente as vítimas de violência e estupro ficam ruminando ideias daquilo que poderiam ter feito para se proteger ou proteger pessoas queridas, sentindo-se culpadas pela não ação. A realidade suplementar é, então, utilizada para encenar as situações da forma como o paciente gostaria que tivessem ocorrido, e até para experimentar se, de fato, teriam sido mais eficientes.

Durante um *workshop* de Karp, ela pedia para a cliente dividir a cena traumática em vários pequenos clipes e vinhetas. Em seguida, iniciava a dramatização cuidadosa de todos os pequenos detalhes de cada clipe, com especial ênfase naquilo que a cliente gostaria que tivesse ocorrido. Além disso, a diretora designava vários papéis para a protagonista, não só o papel da vítima, que já tinha, mas também o da polícia, do atirador, do FBI etc. Foi interessante perceber a cliente pálida, com estupor, ganhar cor, lutar e chutar almofadas, mostrando vida finalmente. A inversão de papéis é também utilizada para concluir conversas que não aconteceram, e até propiciar uma visão mais completa do que pensavam as pessoas na cena traumática.

Finalmente, Marcia Karp chama atenção para o fato de que uma série de papéis é obliterada quando ocorre a violência – o papel de protetor, mulher, esposa, mãe, entre outros –, sendo substituídos pelo papel de vítima impotente. Restaurar esses papéis anteriores ao trauma e reacender a esperança do paciente são fatores fundamentais para que ele volte à vida normal.

Anne Bannister, psicodramatista e dramaterapeuta inglesa, trabalhou intensamente com crianças abusadas, publicando, em 1997, o livro *The healing drama: psychodrama and dramatherapy with abused children*. No artigo "Prisioneiros da família: psicodrama com crianças abusadas" (*apud* Kellermann e Hugins, 2010), ela avalia e comprova a eficácia de 20 sessões de psicodrama grupal na eliminação de sintomas do estresse pós-traumático de crianças abusadas. Bannister considera que crianças que sofreram abusos prolongados são como prisioneiros torturados: não podem sobreviver sozinhas e estão atadas, por vínculos emocionais, aos próprios abusadores. As sequelas costumam ser intensas, configurando o quadro que Judith Herman (1992) classifica como "estresse pós-traumático complexo".

Essa autora utiliza todo o instrumental técnico do psicodrama, destacando a técnica do espelho – para a criança ver a cena sendo jogada por fantoches –, a inversão de papéis com fantoches, o uso de fantasias e o jogo livre de vinhetas dramáticas propostas pelas

Vida e clínica de uma psicoterapeuta

crianças ou pelo próprio terapeuta, no estilo de um "jornal vivo" (Moreno, 1973).

Talvez um dos trabalhos mais criativos usando o psicodrama para tratar o estresse pós-traumático seja o da dra. Kate Hudgins (2013), psicóloga americana. Hudigns acredita que o psicodrama clássico pode retraumatizar o paciente e estimular dissociação; por essa razão, criou um modelo experimental de psicodrama chamado de Modelo Terapêutico em Espiral (MTE), cujo objetivo central é garantir segurança e continência para sobreviventes de trauma. Ela utiliza uma equipe de egos-auxiliares bem treinados, que consiste de um mínimo de quatro pessoas: o diretor, o assistente do diretor e dois egos-auxiliares. Além disso, adaptou técnicas do psicodrama clássico para proteger o cliente de regressões descontroladas, em todos os momentos da sessão.

No aquecimento, a terapeuta emprega o que chama de papéis prescritos. Trata-se de papéis positivos que o paciente destaca e concretiza (com lenços, objetos da sala etc.) antes de começar a trabalhar sua cena traumática. Esses papéis garantem que o paciente sempre tenha para onde voltar se ficar fragilizado e se sentir estar regredindo durante a revivência. São de três tipos: *papéis restauradores*; *papéis de contenção* e *papéis de observação*.

Na dramatização, Hudgins utiliza vários recursos de segurança:

- O paciente só acessa a cena traumática quando o diretor considerar clinicamente apropriado. Primeiro o protagonista conta a cena traumática, depois assiste e testemunha os egos jogando a cena. Só depois ele mesmo joga seu papel.
- As dramatizações de cena aberta (Cukier, 1992) são tipificadas de acordo com o nível de estresse que proporcionam ao paciente, e o diretor guia o protagonista num crescendo de dificuldades. Veja os tipos de dramatizações: restauração, renovação, metáforas, descoberta inicial, sonhos, colocando nomes, expressando e explorando, núcleo da cena traumática, reparação do desenvolvimento, esquecendo e transformando.
- A técnica do duplo contenedor, ou duplo que contém, é muito utilizada para prevenir dissociações. Um ego-auxiliar se coloca,

primeiramente, ao lado do protagonista e descreve na primeira pessoa do singular o afeto, as sensações e o conteúdo daquilo que ele, protagonista, está vivenciando. Em seguida, ainda na primeira pessoa do singular, o ego estimula o cliente a respirar e recordar da força e energia que ele próprio concretizou previamente durante o aquecimento, com lenços e objetos.

- Muito interessante e útil é a técnica do "átomo de papéis" baseada no trauma, pois mostra como os papéis normais da vida do cliente são solapados e substituídos por outros criados pelas estruturas defensivas e pela internalização do trauma.

Kate Hudgins recomenda que haja bastante tempo para a fase final do compartilhamento da sessão terapêutica, e diz que, muito frequentemente, egos-auxiliares e integrantes da plateia, estimulados pelas memórias traumáticas do protagonista, regridem e dissociam, demandando um trabalho de continência e elaboração de suas próprias reminiscências.

Jörg Burmeisteir (*apud* Kellermann e Hugins, 2010), psiquiatra suíço, faz uma contribuição importante para o psicodrama com sobreviventes de acidentes de tráfico. Lembra que esses pacientes – além de terem sequelas pessoais dos acidentes, perdendo partes do corpo e mobilidade, por exemplo – também perdem familiares e amigos, e têm de elaborar, muitas vezes, a culpa de terem causado o acidente e sobrevivido. São clientes que se apresentam fortemente traumatizados, com bloqueio do sistema normal de processamento de informações, dissociação, baixa capacidade de simbolização e alta ativação sensoriomotora e afetiva. O psicodrama, que atua nos aspectos motor, sensorial e afetivo, é altamente recomendável.

Burmeister propõe um modelo de abordagem terapêutica integrativa em quatro estágios, semelhante à de Kate Hudgins, mas simplificada, com ênfase nas intervenções psicodramáticas centradas na ação:

- *Estágio I – Preparação*: inclui as entrevistas iniciais, o estabelecimento de uma relação terapêutica propriamente dita.
- *Estágio II – Segurança e empoderamento*: começa com um descondicionamento da ativação fisiológica usando técnicas de

Vida e clínica de uma psicoterapeuta

relaxamento. Em seguida, o cliente identifica e concretiza momentos de força e energia que vivenciou no passado, bem como relações sociais de suporte e encorajamento. Por fim, estabelece, junto com o terapeuta, os objetivos da terapia.

- *Estágio III – Reorganização da cena traumática*: essa fase se inicia com a criação simbólica de um lugar seguro, montagem e observação da cena traumática a distância, observação dos egos-auxiliares jogando a cena e, finalmente, o paciente protagonizando sua cena e transformando-a, com a introdução de realidades suplementares que o empoderam e lhe dão segurança. Jörg Burmeister contraindica a inversão de papel com o agressor, pois acredita que pode facilitar uma indesejável identificação com este. Nessa fase, são feitas vinhetas para elaborar perdas e negócios inacabados, bem como criar papéis novos como o de defensor, ou outras realidades suplementares que empoderem o paciente, manejando a interrupção do trauma.

- *Estágio IV – Reconexão com o mundo*: essa fase visa trabalhar a sociometria do paciente, trazer à tona papéis que foram abandonados e ver se é possível resgatá-los, continuar trabalhando lutos e negócios inacabados, bem como estimular o cliente a criar novos papéis e relações. Aqui entra a questão da justiça, e a terapia deve ajudar o cliente inclusive a instalar ações policiais que visam recuperar sua dignidade.

Burmeister também trabalha com grupos pequenos e homogêneos de pessoas que foram severamente lesadas em acidentes, com o objetivo de reconstruir a identidade social dessas pessoas e de propiciar um compartilhar entre iguais. Mesmo quando há perda da fala, diz que esses pacientes se beneficiam da solidariedade presente nesses grupos. A pergunta ilógica – "por que comigo foi que isso aconteceu?" – é muito comum nesse subgrupo. Deus é frequentemente chamado para se sentar na cadeira vazia e responder, ressignificando velhas questões, outrora esquecidas pelos participantes. Enfim, há muitos outros colegas que utilizam o psicodrama com a questão do estresse pós-traumático de forma criativa, dinâmica e eficiente. Tyan Dayton (2011), por exemplo, tem um modelo para reparar traumas relacionais (essa autora tem um livro inteiro de jogos e manejos técnicos voltados para o estresse pós-traumático em grupo).

Nossos colegas estrangeiros já perceberam que precisamos ganhar visibilidade em nível estatístico. Isso é feito mediante a padronização de técnicas e sua aplicação, treinando diretores e desenhando estudos estatísticos, quantitativos e longitudinais.

Conclusão e sugestões

Sei que não existem técnicas rápidas e mágicas e que tenho ouro na mão quando me digo psicodramatista. Entretanto, queria ter todo o poder acadêmico do mundo para conseguir:

1. Uma equipe de estatísticos eficiente que desenhe estudos longitudinais para avaliações antes e depois de sessões psicodramáticas.

2. Uma capacidade infinita de persuasão que convencesse meus colegas a trabalhar em conjunto por alguns anos, somando amostragem de casos por patologia. Assim, todos que estivessem atendendo depressivos trabalhariam numa avaliação; todos que estivessem atendendo fóbicos comporiam um segundo time de pesquisa e assim para estresse pós-traumático etc.

3. Uma equipe que treinasse replicadores, colegas e alunos de psicodrama para participar dessas pesquisas, procurando, sem acabar com a espontaneidade deles, ensinar algumas técnicas propostas, descritas no capítulo anterior e que, reconhecidamente, podem ajudar muito pacientes traumatizados. São elas:

A. Nas entrevistas iniciais: mesclar um ouvir continente com perguntas gentis que criem sintonia, segurança e um senso de normalidade. Acho extremamente importante explicar ao cliente, clara e objetivamente, como o cérebro humano funciona em situações traumáticas. Isso legitima os sintomas, cria uma lógica onde antes existia o caos e traz de volta a esperança de ter potência e melhorar. Afinal, aprendemos, das psicoterapias cognitivas, que mudar pensamentos negativos, agregar novas explicações – que não as catastróficas e derrotistas dos deprimidos – mudam as configurações emotivas e comportamentos subsequentes.

Depois das entrevistas verbais, deve-se propor a vivência do átomo social antes e depois do trauma – esse recurso mapeia as perdas de papéis e relacionamentos e dá uma agenda ao terapeuta e ao cliente do que deve ser restaurado durante a terapia.

B. No aquecimento: o aquecimento deve ser estrategicamente montado para marcar as habilidades positivas do cliente, os lugares na vida onde ele é forte e as pessoas, instituições, recursos espirituais que lhe servem de apoio. Começar uma dramatização evidenciando a força do paciente é garantir que ele sempre se lembre desses recursos durante os momentos mais dolorosos da dramatização; protege os clientes de retraumatizações e dissociações.

C. Na dramatização: montagem e elaboração cognitiva-emocional da cena traumática, com aproximações sucessivas à ação – primeiro o paciente conta, depois olha a cena sendo jogada por egos-auxiliares; finalmente, protagoniza a cena.

Essa montagem cuidadosa da cena garante que o aquecimento se faça de forma suave, do superficial para o profundo, do atual para o antigo. O cliente controla a dramatização, modifica o papel dos egos, tem o controle que lhe foi tirado no trauma original. O diretor tem um papel de controle indireto, empoderando sempre o cliente.

Nessa fase também são feitos vários *role-playings* com exposição do cliente à cena temida, ou à cena desejada com todos os papéis que ela inclui. Essa é nossa versão da técnica da exposição, cuja eficácia é bem evidenciada nos estudos estatísticos.

a. Na dramatização, um cuidado especial com a fase reparatória final, em que se procura investigar: de que recursos o paciente precisa para se empoderar nessa cena?

Qual o trabalho de luto que se faz necessário para que essa cena, relação ou despedida ganhe um encerramento digno?

Nessa fase, a riqueza criativa da realidade suplementar e a força estratégica da interpolação de resistência são importantíssimas para reassegurar a potência do cliente. Das psicoterapias somáticas aprendemos que, no corpo, ficou soterrada, pela submissão forçada, uma ação de defesa que restaure a sensação de controle e segurança. Introduzir super-heróis, fadas e princesas, amigos musculosos, heróis da humanidade pode, em um mágico momento, descongelar o corpo oprimido e surpreender o cliente com uma força de chutar, bater, correr, gritar que ele julgava inexistente. O diretor auxilia a rematrização da autoestima do cliente, muitas vezes salientando que a eventual submissão forçada foi uma atitude inteligente e garantiu sua sobrevivência.

b. Sempre terminar a fase da dramatização com uma cena voltada ao futuro e à recuperação da vida social – o que o paciente deseja fazer do resto de sua vida. Que tarefas, papéis que lhe tragam orgulho e sensações de ter vivido uma vida plena de sentido precisa retomar ou iniciar? Gosto de perguntar, estrategicamente, qual a mínima ação que o cliente tem de empreender na semana seguinte à sessão, para que as mudanças que espera comecem a acontecer. Essa pergunta situa o cliente na realidade comportamental de seu dia a dia.

D. Finalmente, no *sharing,* proporcionar um compartilhar de experiências que não apenas permita a plateia, os egos-auxiliares e o próprio terapeuta a dividir suas vivências traumáticas, mas inclua o paciente num grupo de pessoas que, mais do que vítimas passivas e impotentes, são sobreviventes heroicos do próprio destino.

Há, sem dúvida, muitos outros recursos técnicos habilidosos no psicodrama, mas a ideia, quando se trata de obter validação estatística, é nos concentrarmos em uns poucos, bem vivenciados e treinados. Assim, creio que poderemos avançar numa pesquisa quantitativa e mostrar a riqueza de nossa abordagem.

Pessoalmente, há anos venho utilizando o psicodrama com pacientes traumatizados. Tenho escrito extensivamente sobre abuso infantil, distúrbios narcísicos e *borderlines*, dissociação, adições e não tenho a menor dúvida da eficácia de nossa técnica. Nos últimos anos, venho acompanhando, com alegria, os resultados da neurociência, que valorizam e validam as técnicas vivenciais na psicoterapia. Acho que essa é nossa hora, mas temos de fazer nossa parte!

Notas

1. Ver Cermak (1986).
2. Ver Beattie (1998).
3. Artigo originalmente publicado na *Revista Brasileira de Psicodrama*, v. 10, n. 1, 2002, p. 55-67.
4. Comunicação pessoal em *workshop* sobre a "Vida pessoal dos psicoterapeutas". Michael Mahoney é médico, Ph.D. pela Universidade de Stanford e autor de vários livros dentro da abordagem cognitiva e construtivista.
5. Capítulo baseado em artigo publicado originalmente em Costa (2001).
6. Conflito armado maior é definido como conflito prolongado entre forças militares de dois ou mais governos e que produzam acima de mil mortes.
7. Ataques terroristas inspirados em diferenças étnicas e/ou religiosas, liderados por indivíduos ou pequenos grupos.
8. A diferença entre nação e grupo étnico reside no fato de que a nação implica uma política autônoma e o estabelecimento de fronteiras, ou pelo menos organizações que criam papéis, posições e status. A maioria das nações é formada por mais de um grupo étnico e alguns estudiosos chamam os grupos étnicos de subnações.
9. Uma pesquisa realizada por Tibeau e Bijak, em 2004, identificou um número de 102.000 óbitos e estimou a seguinte repartição: 55.261 eram civis e 47.360, soldados. De civis foram 16.700 sérvios, enquanto 38.000 eram bósnios e croatas. Dos soldados, 14.000 foram os sérvios, 6.000, os croatas e os bósnios, 28.000.
10. Na Iugoslávia, por exemplo, são pessoas do mesmo sangue, mas de diferentes religiões, que se matam.
11. O inconsciente coletivo de Jung é um conceito mais amplo do que o de inconsciente formulado por Freud. Ele inclui, além da experiência infantil reprimida, a experiência acumulada filogeneticamente pela

Rosa Cukier

espécie humana e opera independentemente do ego, por causa de sua origem na estrutura herdada do cérebro. Suas manifestações aparecem na cultura como motivos universais que possuem grau de atração próprio (Samuels, 1988, p. 104-05).

12. Moreno (1975, p. 31) descreve o coinconsciente como um estado experimentado simultaneamente pelos participantes de determinada vivência e que, portanto, também só pode ser reproduzido e representado em conjunto.

13. A desordem do estresse pós-traumático consiste numa reação debilitante que se segue a algum evento traumático. Muito frequente em ex-combatentes de guerra, também inclui reações a acidentes sérios, desastres naturais e ataques violentos, tais como estupro e tortura. A pessoa acometida apresenta persistentes memórias dos fatos mais chocantes, que intrusivamente assolam seu pensamento na forma de pesadelos ou fantasias diurnas. Experimenta também problemas de sono, depressão, irritabilidade, falta de pertinência e solidão.

14. A Lei de Talião pertence ao Código de Hammurabi, rei da Babilônia em 2500 a. C. A pena se graduava conforme o dano produzido pelo agente.

15. GEM-Daimon: Grupo de Estudos de Moreno na clínica Daimon, em São Paulo.

16. Artigo originalmente publicado na *Revista Brasileira de Psicodrama*, v. 12, n. 1, 2004, p. 143-50. Trabalho apresentado no IV Congresso Ibero-americano de Psicodrama, 2003.

17. Moreno afirmava que a *fome de expressão* é, primeiro, fome de atos, muito tempo antes de se transformar em fome de palavras.

18. Situação estressante significa qualquer situação que leva o indivíduo a um estado de desespero, seja por estar lutando para preservar sua vida ou a de alguém significativo para ele.

19. Artigo originalmente escrito em parceria com Dinah Akerman Zimerman (psiquiatra, com residência médica pelo Instituto de PQ, da FM-USP; psicodramatista pelo Instituto Sedes Sapientiae), publicado na *Revista Brasileira de Psicodrama*, v. 13, n. 11, 2005, p. 85-111.

20. "Verdadeiro eu" é utilizado aqui no sentido da personalidade existente antes da adição, e "personalidade adicta" será o termo utilizado para a personalidade estruturada durante o processo de adição. Propositadamente, não foram utilizados os termos *ego* e *self*, para não adentrar, aqui, as definições psicanalíticas e acadêmicas sobre esse tema.

Vida e clínica de uma psicoterapeuta

21. Obsessões e compulsões estão relacionadas e, em geral, vêm acompanhadas. Ambas se referem a pessoas consumidas por algo irracional. Na obsessão, o sujeito tem uma ideia irracional, e na compulsão, um ato irracional. Obsessões e compulsões são como sugestões pós-hipnóticas: têm uma urgência irresistível. Alguns autores argumentam, com propriedade, que comportamentos compulsivos são ações utilizadas para que as pessoas se mantenham ocupadas e não experimentem sentimentos de ansiedade, tédio, depressão e angústia. Elas fogem de si mesmas ocupando-se com algo além de si.

22. Os rituais reforçam relações com aquilo que representam, aprofundam o compromisso e unem pessoas com as mesmas crenças. A diferença entre rituais saudáveis e adictos é que os primeiros nos conectam a pessoas na comunidade e nos fazem bem, enquanto os outros nos isolam e acabam por nos lesar. A ritualização do comportamento oferece o conforto da previsibilidade, a certeza de que a alteração de humor que se busca ocorrerá. Cada parte do ritual é importante como forma de linguagem do comportamento e de escapar da opção "bebo ou não bebo". Por exemplo, o alcoólatra só precisa passar em frente a um bar para que o resto do ritual que o leva à bebida ocorra. É uma espécie de transe que envolve a pessoa e não deixa espaço para ela pensar em outra coisa ou ouvir a si mesma. Os adictos são fanáticos por seus rituais e, em geral, praticam-nos na solidão ou na companhia de outros viciados.

23. Aliás, o conceito de tempo alterado dos adictos mostra muito bem essa intolerância à frustração. Não há futuro para eles; o tempo é já. Todos os objetos da adição oferecem um "bem-estar" em segundos, e por isso viciam. Se o efeito demorasse, os adictos largariam a adição. À medida que o tempo passa, a pessoa precisa de mais substâncias para ter os mesmos picos de prazer. Nossa cultura pragmática, com suas guerras e incertezas quanto ao futuro, reforça essa concepção de tempo imediatista. Renunciar ao vício é renunciar a um prazer rápido em troca de uma vida normal, com seus altos e baixos, e inseguranças.

24. Em situações difíceis, os adictos buscam o objeto de sua adição para fugir da realidade. Essa é uma escolha incompetente, porque não resolve, apenas agrava o quadro. Problemas, dores, conflitos todos os seres humanos têm; eles não são a causa da adição, senão seríamos todos adictos. É preciso aprender a lidar de frente com aquilo que nos incomoda, sem fugir para uma gratificação rápida.

25. Nos casos de overdose ou interação medicamentosa, o tratamento consiste na administração de analgésicos e antiespasmódicos, exigindo internação hospitalar.

26. A maioria dos obesos, bulímicos e compulsivos come à noite e escondido, sem que ninguém veja.

27. *Bulimia nervosa*: caracteriza-se essencialmente pela apresentação de compulsões periódicas e métodos compensatórios inadequados para evitar ganho de peso (purgação, jejum ou exercícios exagerados). Além disso, a autoavaliação dos indivíduos com bulimia nervosa é excessivamente influenciada pela forma e pelo peso do corpo.

28. É útil perguntar, no começo das sessões, o que os pacientes querem trabalhar naquele dia. Eles normalmente respondem e com isso são estimulados a desenvolver sua autonomia e responsabilidade pelo tempo que passaremos juntos.

29. É bom começar a montagem da cena pela porta de entrada do local onde ela acontece. Auxilia a definir o espaço e aquece o paciente, porque ele percebe que o terapeuta realmente sabe onde estão os móveis, a janela etc.

30. Artigo originalmente publicado no livro de Vasconcelos (2007).

31. Para melhor descrição das técnicas, ver *Psicodrama bipessoal: sua técnica, seu paciente e seu terapeuta* (Cukier, 1993).

32. Peter Pitzele, psicodramatista americano, resume de modo simples três tipos de trabalho psicodramático: 1) *Psicodrama interpessoal*: que averigua as relações interpessoais passadas, presentes ou futuras do indivíduo; 2) *Psicodrama surrealista*: que averigua sonhos, metáforas, fantasias, enfim, tudo que escapa da lógica formal e que pertence ao domínio daquilo que Moreno chamou de "realidade suplementar"; 3) *Psicodrama intrapsíquico*: por meio do qual se busca discriminar papéis, vozes interiores, partes e personagens que habitam o mundo interno de uma pessoa.

33. Bustos discrimina três iniciadores – *mental* (pensamentos, imagens visuais, tudo que se apresenta sob a forma de símbolo), *emocional* (produções intermediárias entre o corpo e a mente, que se apresentam sob a forma de angústia ou emoções variadas) e o *corporal* (que corresponde a sensações variadas, tais como áreas de maior opressão ou constrição corporal, áreas de conforto e bem-estar etc.).

34. Bustos (1994) utiliza os conceitos morenianos de lócus, *status nascendi* e matriz como uma estrutura teórica que guia o trabalho do terapeuta.

Vida e clínica de uma psicoterapeuta

Primeiro, pesquisa-se o que o paciente precisa trabalhar; depois, qual o lócus do problema, ou seja, o lugar, a especial combinação de condições familiares e sociais que cercavam o paciente quando o problema surgiu. Em seguida busca-se o *status nascendi*, ou seja, a dimensão temporal, o momento em que os fatos ocorreram. Por fim, identifica-se a matriz, ou seja, a resposta possível do paciente e a função desta naquelas circunstâncias. A terapia psicodramática visa à rematrização, ou seja, ajudar o paciente a encontrar uma resposta nova para as circunstâncias antigas.

35. Para Moreno, espontaneidade significava "força propulsora do indivíduo em direção à resposta adequada à nova situação ou à resposta nova para a situação já conhecida".

36. Artigo originalmente publicado na *Revista Brasileira de Psicodrama*, v. 19, n. 1, 2011, p. 13-35. Foi também publicado na Coleção Comunicação em Cena, v. 5. São Paulo: . Scortecci, 2014, p. 283-309.

37. Para Antonio Damásio (2004), um sentimento é uma representação mental, é a percepção do estado do corpo, enquanto a emoção é uma reação a um estímulo e comportamento associados – por exemplo, uma expressão facial: "(...) Assim, o sentimento é o reconhecimento de que um evento está ocorrendo, ao passo que a emoção é o efeito visível da mesma [...]. As emoções são coisas corporais, enquanto os sentimentos são coisas mentais [...]. As emoções são uma resposta automática [...]. Elas não requerem qualquer pensamento. [...]. Elas são o mecanismo fundamental para a regulação da vida [...]. Emoções precedem os sentimentos, e são as bases para sentimentos". Penso que a inveja seja um conjunto de sentimento/emoção, por isso resolvi adotar o termo experiência emocional neste texto, por julgá-lo mais abrangente.

38. Para Jung, a sombra é o centro do inconsciente pessoal, o núcleo do material que foi reprimido da consciência. A sombra inclui as tendências, os desejos, as memórias e as experiências que são rejeitados pelo indivíduo como incompatíveis com a persona, e contrários aos padrões e ideais sociais. A sombra representa aquilo que consideramos inferior em nossa personalidade, e também aquilo que negligenciamos e nunca desenvolvemos em nós mesmos. Em sonhos, a sombra frequentemente aparece como um animal, um anão, um vagabundo ou qualquer outra figura de categoria mais baixa.

Rosa Cukier

39. Takahashi *et al.* (2009), num estudo sobre a neurologia das emoções, usaram a ressonância magnética funcional para examinar a ativação do cérebro humano quando sente as emoções de inveja (dor pelo mérito alheio) e *Schadenfreude* (*Schaden* = prejuízo; *freude* = alegria. Alegria com a desgraça alheia). Concluíram que quando a inveja era estimulada havia maior ativação cerebral no córtex cingulado anterior (ACC), região associada à vivência de conflitos, percepção de erros, dor por empatia e dor associada à exclusão social. Já nas situações que estimulavam *Schadenfreude*, o cérebro dos sujeitos mostrou-se mais ativado na região do estriado ventral, que é ligado aos processos de recompensa e estímulos gratificantes. Assim, os autores interpretaram que a ativação com *Schadenfreude* causa uma sensação de prazer.

40. O neurocientista Robert Sapolsky (2005, p. 89-97) mostra que os seres humanos experimentam sentimentos abstratos com o mesmo sistema neurológico com que experimentam sentimentos concretos. A dor da exclusão social, por exemplo, é registrada no cérebro tal qual uma dor física qualquer.

41. Referência ao mito de Prometeu.

42. De fato, a questão da inveja é atravessada por interrogações a respeito do mérito e do direito: quem tem os méritos para possuir os atributos não é necessariamente aquele que, por direito ou lei (mutável conforme a época da história), os possui. As lutas políticas tentam mudar as leis para atenuar o sentimento de diferença e injustiça. Ironicamente, ele aparecerá outra vez, na camada inferior da nova hierarquia resultante, envolta em outro ornamento demagógico.

43. Moreno usa o conceito de proletariado sociométrico para falar dos grupos isolados, negligenciados e rejeitados, cujos sentimentos não encontram reciprocidade.

44. Diz Moreno (1975, p. 26): "Os primeiros papéis a aparecer são os fisiológicos ou psicossomáticos". Sabemos que entre o papel sexual, o do indivíduo que dorme, o do que sonha e o do que come desenvolvem-se vínculos operacionais que os conjugam e integram numa unidade. Em certo ponto, poderíamos considerá-la uma espécie de eu fisiológico, um eu "parcial", um conglomerado de papéis fisiológicos.

45. Freud (1905), em "Três ensaios sobre a teoria da sexualidade", desenvolve a teoria de que, na origem, as primeiras satisfações sexuais aparecem por ocasião do funcionamento dos aparelhos que servem para a conservação da vida. Fala em escolha anaclítica de objeto, mostrando

Vida e clínica de uma psicoterapeuta

como as pulsões sexuais se apoiam nas de autoconservação. Penso que não somente a satisfação sexual se apoia nessas primeiras experiências de prazer-desprazer, mas também a satisfação narcísica de se perceber alvo da atenção e valoração alheias.

46. A utilização do termo "economia narcísica" é análoga, utiliza a ideia de autointeresse (Narciso que só pensa em si mesmo), mas também a de homeostase ou economia, mostrando a função autoprotetora desse mecanismo dentro do psiquismo. O prazer nesse sistema narcísico é alcançado quando a autoestima do indivíduo está elevada e o desprazer ou dor narcísica, quando a autoestima é escassa.

47. Trabalho originalmente apresentado no XX Congresso Brasileiro de Psicodrama, 2016, e com o resumo publicado na *Revista Brasileira de Psicodrama*, v. 24, n. 2, dez. 2016, p. 81-90.

48. Ver Garrab (2006, p. 125-35).

49. *Narcossíntese*: às vezes usada como narcoanálise, refere-se a um grupo de técnicas que se originou da narco-hipnose, ou seja, estados alterados de consciência induzidos por vários tipos de narcóticos.

50. EMDR – Dessensibilização e Reprocessamento através de Movimentos Oculares. Em 1987, a dra. Francine Shapiro, estudante de pós-graduação em Psicologia, caminhava por um parque em Los Gatos, na Califórnia. Ela foi percebendo que, quando um pensamento perturbador vinha à sua mente, seus olhos começavam a se mexer rapidamente. Parecia que os movimentos oculares conseguiam fazer que o pensamento incômodo saísse de sua mente consciente. Quando voltava a pensar naquilo, já não sofria com o pensamento. Começou a experimentar deliberadamente em si e nos outros e concluiu que a perturbação causada por pensamentos desagradáveis cessava com movimentos bilaterais dos olhos. O EMDR é um tratamento complexo, que exige que se siga um protocolo de atendimento. As sessões podem ser mensais ou semanais (duração de 50 minutos até 2 horas). O terapeuta pede ao paciente que, simultaneamente, pense na situação traumática e faça movimentos oculares bilaterais, seguindo o dedo da terapeuta. Podem ser usadas outras formas de estimulação bilateral, como a auditiva ou táctil. O EMDR parece ter um efeito direto sobre a forma como o cérebro processa a informação. Parece ser semelhante ao que ocorre naturalmente durante o sono REM, em que o rápido movimento dos olhos é observado e associado com o processamento da informação. Para mais informações, ver: Carlson *et al.* (1998, p. 23-24); Marcus,

Marques e Sakai (1997, p. 307-15); Rothbaum (1997, p. 317-34); Scheck (1998, p. 25-44); Wilson, Becker e Tinker (1998, p. 928-37).

51. A terapia cognitiva (TC) ou terapia cognitiva comportamental (TCC) foi lançada pelo dr. Aaron T. Beck na década de 1960, que investigava a depressão. Descobriu que pacientes deprimidos experimentam fluxos de pensamentos automáticos negativos e construiu a hipótese de que se os ajudasse a modificar esses pensamentos negativos eles também transformariam suas emoções e comportamentos. A TCC é uma terapia verbal, realizada uma ou duas vezes por semana ou a cada duas semanas. O tratamento dura, geralmente, entre cinco e 20 sessões, de 30 a 60 minutos. Parte do princípio de que os processos cognitivos são formados pela interligação de pensamentos, imagens mentais, sensações, crenças e atitudes. Durante as sessões, o cliente é convidado a dividir seus problemas em partes separadas. Por exemplo, deve poder dizer: o que ele sente, pensa e o que o corpo dele registra sobre o problema. Depois irá analisar essas áreas para descobrir se sua forma de agir, sentir e pensar é realista, pessimista, funcional, útil ou inútil e o terapeuta tentará, então, ajudá-lo a mudar os pensamentos e comportamentos inúteis. Após essa fase de análise e proposta de mudança, o terapeuta pedirá para o cliente praticar em sua vida, ou seja, expor-se às situações que evitava e treinar as novas condutas, munido da cognição aprendida na sessão terapêutica. Essa é a técnica da exposição que, quando praticada, dará conteúdo para as próximas sessões. Para mais informações, ver: Bryant *et al.* (1998, p. 862-66); Bryant *et al.* (1999, p. 1780-86); Bryant, Moulds e Nixon (2003, p. 489-94).

52. A Experiência Somática (SE) foi desenvolvida por Peter Levine na década de 1970. Enquanto se especializava na relação mente e corpo, dr. Levine percebeu semelhanças entre o comportamento de presas no mundo natural e aquele de pessoas traumatizadas. Ambos tinham em comum uma resposta congelada de imobilidade. A diferença é que o animal conseguia se restabelecer e os seres humanos ficavam acuados num ciclo aprisionante de medo e sintomas. Ao tentar algo inusitado com uma paciente refratária, ele conseguiu fazer que ela tivesse uma descarga física de um trauma, que depois veio a descobrir se tratar de uma cirurgia na infância. Depois de uma sessão, os ataques de pânico sumiram e ela não precisou mais de medicação. Experiência somática é uma terapia naturalista que visa liberar a energia residual traumática retida no corpo após uma resposta de defesa incompleta. O trauma

acontece quando o sistema nervoso se desorganiza, tendo sido exigido além de seus limites, e perde a capacidade de se autorregular. Para restaurar essa capacidade, é necessário perceber, de forma lenta e cuidadosa, o fluxo natural dos movimentos do corpo e segui-los com atenção plena. SE é uma terapia breve, com cada sessão durando em torno de 50 minutos e seus efeitos, até 72 horas. Em geral, são necessárias de uma a 10 sessões. O paciente é convidado a perceber o corpo, rastreando suas sensações e emoções presentes. O terapeuta conduz o paciente por esse caminho, facilitando o ir e vir do organismo em direção à descarga minuciosa e gradual dos altos níveis de ativação. Um diferencial da terapia somática é que não são necessários a lembrança ou reviver a situação traumática. É perfeitamente possível um paciente se livrar do trauma sem ter de revisitar a cena original. A memória que importa é a do corpo e não a da mente.

53. Ver Brom *et al.* (2015).

54. A técnica de exposição a estímulos temidos foi desenvolvida pelo psicólogo russo Victor Meyer nos anos 1960. Também chamada de terapia de exposição e prevenção de resposta (EPR), foi a primeira abordagem psicológica com efetividade comprovada no tratamento dos sintomas do TOC. Propõe que as mesmas leis da aprendizagem que explicam as mudanças do comportamento normal podem explicar a aquisição e a extinção de comportamentos considerados patológicos. A ansiedade seria uma resposta condicionada que tende a diminuir por meio da habituação durante a exposição sistemática aos estímulos temidos. A exposição ao vivo implica um confronto direto e gradual aos objetos ou às situações temidas, sem um relaxamento anterior (Marks, 1986). Primeiramente se constrói uma hierarquia de situações temidas, ou seja, uma lista de estímulos sobre um tema, ordenada de acordo com a quantidade de ansiedade que eliciam, ou seja, do estímulo que causa menos ansiedade ao que causa mais ansiedade e desconforto (Wolpe, 1973). Nos estágios iniciais da terapia de exposição, as situações são enfrentadas geralmente na companhia do terapeuta, até que possa ocorrer a habituação da ansiedade no item da hierarquia que está sendo confrontado. Após a exposição repetida e prolongada, que deve durar aproximadamente 50 minutos, e quando a situação não eliciar mais altos níveis de ansiedade e desconforto, passa-se ao próximo item da lista de situações problemáticas. Uma variação da terapia da exposição é a terapia de exposição prolongada. Trata-se de um protocolo de trata-

Rosa Cukier

mento desenvolvido por Edna Foa e colegas (1991), Ph.D. e diretora do Centro para o Tratamento e Estudo da Ansiedade, na Universidade da Pensilvânia, nos Estados Unidos.

55. A psicoterapia psicodinâmica é a mais antiga das terapias modernas, tendo evoluído da psicanálise de Freud, acrescida dos conhecimentos advindos dos neopsicanalistas, psicanalistas do ego, tais como Ernest Kris, David Rapaport, Merton Gill, Rudolph M. Loewesntein, Franz Alexander, Heinz Hartmann, Karey Horney, Greenson, Adler, Bion, Guntrip etc. Para essa abordagem, a personalidade humana é fruto não apenas das pulsões internas e sexuais, mas também dos contextos sociais e culturais, valorizando o relacionamento interpessoal entre cliente e terapeuta – a chamada aliança terapêutica. Assenta-se na crença de que nosso comportamento é determinado por processos mentais parcialmente inconscientes, em sua maioria constituídos durante a infância. Desse momento de total dependência dos pais a criança sobrevive à custa de defesas intrapsíquicas, que podem não ser adequadas à sua vida adulta, na qual ela dispõe de uma multiplicidade de novos recursos e opções. Rever as relações da primeira infância é um dos focos da psicoterapia psicodinâmica, e isso só é feito graças a uma forte e segura aliança terapêutica. A psicoterapia psicodinâmica é um enorme guarda-chuva de psicoterapias que operam num *continuum* de intervenções, que vão desde a interpretação, confrontação, validação empática, reforço positivo, aconselhamento, até a expressão artística ou psicodramática dos sentimentos. Em geral, atua numa frequência menor que a psicanálise, uma ou duas vezes por semana.

56. O psicodrama foi criado pelo psiquiatra romeno Jacob Levy Moreno (1889-1974) e desenvolvido em colaboração com sua esposa, Zerka Moreno. Moreno era um médico atípico, interessado em filosofia, misticismo e teatro. Criou o psicodrama, o sociodrama e a psicoterapia de grupo, formas de psicoterapia para a sociedade e para o indivíduo que têm contribuído com ideias e técnicas usadas em muitas outras formas de psicoterapia, como, por exemplo, a *Gestalt*, os grupos de encontro e todas as psicoterapias vivenciais. Foi uma das primeiras pessoas a reconhecer o poder de cura de um grupo, incluindo a importância de grupos de autoajuda, nos quais cada pessoa se torna o agente de cura do outro. Além disso, valorizou a importância do corpo na investigação e comunicação do paciente, reduzindo o então reinado soberano da verbalização nas psicoterapias e sendo o precursor de muitas das tera-

Vida e clínica de uma psicoterapeuta

pias expressivas modernas. Os escritos de Moreno são incrivelmente condizentes com o emergente campo da neurobiologia interpessoal e inteligência social. O psicodrama é uma abordagem terapêutica ativa e criativa, que usa a dramatização e o jogo de papéis para trabalhar problemáticas relacionais e emocionais dos clientes. Pode ser utilizado em grupo ou individualmente, num trabalho processual, ou como ato terapêutico. Sua aplicabilidade extrapola a clínica psiquiátrica, sendo eficazmente empregado em qualquer contexto educativo ou empresarial. Durante cada sessão de psicodrama, os participantes são convidados a reencenar situações problemáticas de sua vida, com orientação de um terapeuta. Essas cenas podem incluir situações passadas, sonhos e também preparações para eventos futuros. Em um ambiente de grupo, outros participantes podem desempenhar os papéis das pessoas significativas da vida do paciente, oferecer apoio e compartilhar experiências.

REFERÊNCIAS BILIOGRÁFICAS

ALLEN, D. W. "Hidden stresses in success". *Psychiatry*, n. 42, 1979, p. 171-75.

ARISTÓTELES. *Retórica das paixões*. São Paulo: Martins Fontes, 2000.

BANNISTER, A. *The healing drama: psychodrama and dramatherapy with abused children*. Londres: Jessica Kingsley Publishers, 1997.

BEATTIE, M. *Codependência nunca mais*. São Paulo: Nova Era, 1998.

BECK, A. T.; KUYKEN, W. "Terapia cognitiva: abordagem revolucionária". In: ABREU, C. N.; ROSO, M. (orgs.). *Psicoterapias cognitiva e construtivista: novas fronteiras da prática clínica*. Porto Alegre: Artes Médicas, 2003.

BERMAN, A. *Envy, competition and gender: theory, clinical applications and group work*. Londres: Routledge, 2007.

BERKOWITZ, M. "Therapist survival: maximizing generativity and minimizing burnout". *Psychotherapy in Private Practice*, v. 5, n. 1, 1987, p. 85-89.

BLACK, C. *Double duty: food addicted*. Denver: Mac Publishing, 1990.

BLEICHMAR, H. *O narcisismo – Estudo e enunciação da gramática inconsciente*. Porto Alegre: Artes Médicas, 1987.

BOSZORMENYI-NAGY, I. *Lealtades invisibles*. Buenos Aires: Amorrortu, 1983.

BOWEN, M. *De la família al individuo*. Barcelona: Paidós, 1998.

BRADSHAW, J. *Curando a vergonha que impede de viver*. Rio de Janeiro: Rosa dos Ventos, 1997.

BROM, D. *et al*. "First randomized controlled outcome study on the use of somatic experiencing for PTSD: preliminary data analysis". In: *International Trauma Healing Institute*. 2015. Disponível em: <https://beyondthetraumavortex.wordpress.com/2015/07/22/first-randomized-controlled-outcome-stud/>. Acesso em: 1 abr. 2017.

BROWN, T. M.; FEE, E. "Walter Bradford Cannon, pioneer physiologist of human emotions". *American Journal Public Health*, v. 92, n. 10, out. 2002, p. 1594-95.

BRYANT, R. A. *et al.* "Treatment of acute stress disorder: a comparison of cognitive-behavioral therapy and supportive counseling". *Journal of Consulting and Clinical Psychology*, v. 66, n. 5, 1998, p. 862-66.

BRYANT, R. A. *et al.* "Treating acute stress disorder: an evaluation of cognitive behavior therapy and supporting counseling techniques". *American Journal of Psychiatry*, v. 156, n. 11, 1999, p. 1780-86.

BRYANT, R. A.; MOULDS, M. L.; NIXON, R. V. D. "Cognitive behavior therapy of acute stress disorder: a four-year follow-up". *Behaviour Research & Therapy*, v. 41, n. 4, 2003, p. 489-94.

BUSS, D.; HILL, S. "The evolutionary psychology of envy". In: SMITH, R. H. *Envy*. Londres: Oxford University Press, 2008.

BUSTOS, M. D. *Perigo, amor à vista*. São Paulo: Aleph, 1990.

_____. *Novos rumos em psicodrama*. São Paulo. Ática, 1992.

_____. "Wingsandroots". In: HOLMES, P.; KARP, M.; WATSON, M. *Psychodrama since Moreno*. Londres: Routledge, 1994.

_____. "Asas e raízes". In: HOLMES, P.; WATSON, M.; KARP, M. *Psicodrama após Moreno*. São Paulo: Ágora, 1999.

BUSTOS, D. *et al. O psicodrama*. São Paulo: Ágora, 1994.

BYINGTON, C. A. B. *Inveja criativa: o resgate de uma força transformadora da civilização*. São Paulo: W11, 2002.

CAHILL, S. P.; CARRIGAN, M. H.; FRUEH, B. C. "Does EMDR work? And if so, why? A critical review of controlled outcome and dismantling research". *Journal of Anxiety Disorder*, v. 13, 1999, p. 5-33.

CANNON, W. R. "The wisdom of the body". In: SCHÜTZENBERGER, A. A. *Querer sarar*. Rio de Janeiro: Vozes, 1995.

CARLSON, J. G. *et al.* "Eye movement desensitization and reprocessing (EDMR) treatment for combat-related posttraumatic stress disorder". *Journal of Trauma Stress*, v. 11, n. 1, jan. 1998, p. 3-24.

CERMAK, T. L. "Diagnostic criteria for codependency". *Journal of Psychoactive Drugs*, v. 1, n. 18, 1986, p. 15-20.

CHAVES, E. O. "Justiça social, igualitarismo e inveja: a propósito do livro de Gonçalo Fernandez de La Mora". *Revista da Faculdade de Educação da Unicamp*, n. 4, mar. 1991.

CHODOROW, N. *The reproduction of mothering: psychoanalysis and the sociology of gender*. Berkley: University of California Press, 1978.

CINTRA, E. U.; FIGUEIREDO, L. C. *Melanie Klein: estilo e pensamento*. São Paulo: Escuta, 2004.

CLASSIFICAÇÃO DE TRANSTORNOS MENTAIS da CID-10. *Descrições clínicas e diretrizes diagnósticas.* Porto Alegre: Artes Médicas [Copyright Organização Mundial da Saúde, Genebra, Suíça], 1993.

COHEN, J. A. *et al.* "Trauma-focused cognitive behavioral therapy for children and adolescents: an empirical update". *Journal of Interpersonal Violence,* v. 15, n. 11, 2000, p. 1202-23.

COURTNEY, L. B. *et al.* "History of cognitive-behavioral therapy (CBT) in youth". *Child and Adolescent Psychiatric Clinics of North America,* v. 20, n. 2, abr. 2011, p. 179-89.

COUTINHO, B.; CARAN, C. "Cuidado: se você continuar neste caminho..." In: *Imagens, reflexões e exercícios para o autoconhecimento.* Belo Horizonte: Crescer, 2000.

CUKIER, R. *Psicodrama bipessoal: sua técnica, seu cliente e seu terapeuta.* São Paulo: Ágora, 1992.

_____. *Sobrevivência emocional: as dores da infância revividas no drama adulto.* São Paulo: Ágora, 1998.

_____. "O psicodrama da humanidade, utopia, será?" In: PAMPLONA, R. *Um homem à frente do seu tempo: psicodrama de Moreno no século XXI.* São Paulo: Ágora, 2001.

_____. "Fundamentos do psicodrama: a importância da dramatização". *Revista Brasileira de Psicodrama,* v. 12, n. 1, 2004, p. 143-50.

DAMÁSIO, A. *Em busca de Espinosa: prazer e dor na ciência dos sentimentos.* São Paulo: Companhia das Letras, 2004.

DAYTON, T. *Trauma and addiction – Ending the cycle of pain through emotional literacy.* Flórida: Health Communications Inc., 2000.

_____. *Relational trauma repair: an experiential model for working with PTSD.* Nova York: Interlook New York Inc. Publisher, 2011.

DIAS, V. R. C. S. *Psicodrama: teoria e prática.* São Paulo: Ágora, 1987.

DUNDES, A. *The evil eye: a casebook.* Wisconsin: University of Wisconsin Press, 1992.

DUTTON, M. A.; RUBINSTEIN, F. L. "Working with people with PTSD: research implications". In: FIGLEY, R. C. *Compassion fatigue.* Nova York: Brunner/Mazsel Inc., 1995.

ELLIOT, R. "A process-experiential approach to post-traumatic stress disorder" In: BALINT, M. (ed.). *Final contributions to the problems and methods of psychoanalysis.* Londres: Karnac, 1994, p. 156-67.

ELLIOT, R. et al. "Process-experiential therapy for posttraumatic stress difficulties". In: GREENBERG, L. S.; WATSON, J.; LIETAER, G. (orgs.). *Handbook of experiential psychotherapy*. Nova York: Guilford Press, 1998.

ERICSON, E. *Infância e sociedade*. Rio de Janeiro: Zahar, 1976.

FIGLEY, R. C. *Compassion fatigue*. Nova York: Brunner/Mazsel Inc., 1995.

FONSECA, J. *Psicoterapia da relação*. São Paulo: Summus, 1999.

FOSTER, M. G. "The anatomy of envy: a study in symbolic behavior". *Current Anthropology*, v. 13, n. 2, University of Chicago Press, 1972.

FRANKL, V. E. *Em busca de sentido: um psicólogo no campo de concentração*. Rio de Janeiro: Vozes/Sinodal, 1998.

FREITAS, D. de. "Máscaras do neorracismo". *Jornal O Globo*, Porto Alegre, 9 ago. 1998.

FREUD, S. "Psicopatología de la vida cotidiana". In: *Obras completas*. Madri: Biblioteca Nueva, 1901.

_____. "Tres ensayos sobre la teoría sexual". In: *Obras completas*. Madri: Biblioteca Nueva, 1905.

_____. "Más allá del principio de placer". In: *Obras completas*. Madri: Biblioteca Nueva, 1920.

_____. "Psicologia das massas e análise do ego" In: *Obras completas*, v. 18. Buenos Aires: Amorrortu, 1921, p. 63-136.

_____. "El porvenir de la terapia psicoanalitica". In: *Obras completas*. Madri: Biblioteca Nueva, 1973a.

_____. "Historia del movimiento psicoanalítico". In: *Obras completas*. Madri: Biblioteca Nueva, 1973b.

_____. "La etiología de la histeria". In: *Obras completas*. Madri: Biblioteca Nueva, 1973c.

GAIARSA, J. A. *Tratado geral sobre a fofoca: uma análise da desconfiança humana*. 15. ed. rev. São Paulo: Ágora, 2015.

GARRAB, J. "Briquet y su síndrome". *Cadernos de Psiquiatria Comunitária*, v. 6, n. 2, 2006, p. 125-35.

GILLIGAN, C. *Uma voz diferente*. São Paulo: Rosas dos Tempos, 1982.

GROSCH, N. W.; OLSEN, C. D. *When helping starts to hurt*. Nova York: Norton & Company, 1994.

FREUDENBERGUER, H. *Burnout: the high cost of high achievement*. Nova York: Doubleday Publisher, 1980.

HERMAN, J. *Trauma and recovery*. Nova York: Basic Books, 1992.

Hiles, D. R. "Envy, jealousy, and greed: a Kleinian approach". Trabalho apresentado para a CCPE, Londres, 2007.

Holmes, P.; Karp, M.; Watson, M. *Psychodrama since Moreno*. Londres: Routledge, 1994.

Horney, K. *Feminine psychology (reprints)*. Nova York: Norton Company, 1967.

Hudgins, K.; Toscani, F. *Healing world trauma with the therapeutic spiral model, psychodramatic stories from the frontlines*. Londres/Filadélfia: Jessica Kingsley Publishers, 2013.

Hutter, R. *et al.* (orgs.). *Client-centered and experiential psychotherapy: a paradigm in motion*. Frankfurt: Lang, 1996.

Jonathan, I. *et al.* "Psychological treatments for chronic post-traumatic stress disorder. Systematic review and meta-analysis". *The British Journal of Psychiatry*, v. 190, n. 2, jan. 2007, p. 97-104.

Judith, S. B. "Why distinguish between cognitive therapy and cognitive behavior therapy". *The Beck Institute Newsletter, Beck Institute for Cognitive Therapy and Research*, fev. 2001.

Jung, C. G. *Fundamentos de psicologia analítica*. Petrópolis: Vozes, 1991.

Kahill, S. "Interventions for burnout in the helping professions: a review of empirical evidence". *Canadian Journal for Counseling Review*, n. 22, v. 3, 1988, p. 310-42.

Kellermann, P. F.; Hudgins, M. K. *Focus on psychodrama*. Londres: Jessica Kingsley Publishers, 1992.

_____. *Psicodrama do trauma: o sofrimento em cena*. São Paulo: Ágora, 2010.

Kipper, D. A.; Ritchie, T. D. "The effectiveness of psychodramatic techniques: A meta-analysis". *Group Psychology and Group Psychotherapy of the American Psychological Association*, v. 7, n. 1, 2003, p. 13-25.

Klein, M. *Inveja e gratidão: um estudo das fontes inconscientes*. Rio de Janeiro: Imago, 1974.

Kohut, H. "Thoughts on narcissism and narcissistic rage". In: *The search for the self*. Londres: International Universities Press, 1972

_____. *Psicologia do self e cultura humana*. Porto Alegre: Artes Médicas, 1998.

Kral, V. A.; MacLean, P. A. *A triune concept of the brain and behavior*. Toronto: Mental Health Foundation by University of Toronto Press, 1973.

_____. *Psicodrama: inspiração e técnica*. São Paulo: Ágora, 1992.

LA MORA, G. F. *Egalitarian envy: the political foundations of social justice*. Nova York: Paragon House Publishers, 1987.

LEDOUX, J. *O cérebro emocional*. Rio de Janeiro: Objetiva, 1996.

LEE, C. W.; CUIJPERS, P. "What does the data say about the importance of eye movement in EMDR?" *Journal of Behavior Therapy and Experimental Psychiatry*, v. 45, n. 1, 2015, p. 226-28.

LERNER, H. *Mulheres em terapia*. Porto Alegre: Artes Médicas, 1990.

LEVINE, P. A. *O despertar do tigre: curando o trauma*. São Paulo: Summus, 1999.

MACLEAN, P. D. "Some psychiatric implications of physiological studies on fronto-temporal portion of limbic system (visceral brain)". *Electroencephalography and Clinical Neurophysiology Journal*, n. 4, 1952, p. 407-18.

MACKLIN, M. L. "Emotional processing during eye movement desensitization and reprocessing therapy of Vietnam veterans with chronic post--traumatic stress disorder". *Comprehensive Psychiatry*, v. 37, n. 6, 1996, p. 419-29.

MARY, W. S. "The limits to talk". *Psychotherapy Networker*, jan./fev. 2004.

MARKOWITZ, J. C. *et al.* "Is exposure necessary? A randomized clinical trial of interpersonal psychotherapy for PTSD". *The American Journal of Psychiatry*, v. 172, n. 5, 2015, p. 430-40.

MCNALLY, R. J. "Research on eye movement desensitization and reprocessing (EMDR) as a Treatment for PTSD". *PTSD Research Quarterly*, v. 10, n. 1, 1999, p. 1-7.

MANUAL DIAGNÓSTICO E ESTATÍSTICO de Transtornos Mentais da Associação Americana de Psiquiatria, 5. ed.: DSM-5. Porto Alegre: Artes Médicas, 2014, p. 481.

MARCUS, S. V.; MARQUIS, P.; SAKAI, C. "Controlled study of treatment of PTSD using EMDR in an HMO setting". *Psychotherapy: theory, research, practice, training*, v. 34, n. 3, 1997, p. 307-15.

MELLAN, O. *Overcoming overspending*. Nova York: Walker and Company, 1995.

MELLODY, P. *Facing codependence*. São Francisco: Harper & Row Publishers, 1989.

MESSAS, P. G.; VALLADA FILHO, P. H. "O papel da genética na dependência do álcool". *Revista Brasileira de Psiquiatria*, v. 26, supl.1, São Paulo, 2004.

Vida e clínica de uma psicoterapeuta

MILLER, A. *Breaking down the wall of silence*. Nova York: Meridian Book, 1993.

_____. *O drama da criança bem-dotada: como os pais podem formar (e deformar) a vida emocional dos filhos*. São Paulo: Summus, 1997.

MORENO, J. L. *O teatro da espontaneidade*. São Paulo: Summus, 1973.

_____. *Psicodrama*. São Paulo: Cultrix, 1975.

_____. *Quem sobreviverá? Fundamentos da sociometria, psicoterapia de grupo e sociodrama*. v. 1. Goiânia: Dimensão, 1992.

_____. *Psicoterapia de grupo e psicodrama*. Campinas: Livro Pleno, 1999.

MYERS, C. S. "Contributions to the study of shell shock, being an account of certain cases treated by hypnosis". In: *Lancet*, n. 1, 1916, p. 65-69.

NAVARRO, L.; SCHWARTZBERG, S. *Envy, competition and gender*. Londres: Routledge, 2007.

OFIR, L. *et al*. "Cognitive-behavioral therapy and psychodynamic psychotherapy in the treatment of combat-related Post-Traumatic Stress Disorder: a comparative effectiveness study". *Clinical Psychology & Psychotherapy*, v. 23, n. 4, 2016, p. 298-307.

OLATUNJI, B. O.; DEACON, B. J.; ABRAMOWITZ, J. S. "The cruelest cure? Ethical issues in the implementation of exposure-based treatments". *Cognitive and Behavioral Practice*, v. 16, n. 2, 2009, p. 172-80.

PERAZZO, S. *Ainda e sempre psicodrama*. São Paulo: Ágora, 1994.

PINES, A. "Burnout: handbook of stress". *Psychotherapy in Private Practice* 5, v. 1. Nova York: Freepress, 1993, p.85-89.

PITMAN, R. K. *et.al*. "Results of psychodynamically oriented trauma-focused inpatient treatment for women with complex post-traumatic stress disorder (PTSD) and borderline personality disorder (BPD)". *Bulletin of the Menninger Clinic*, v. 70, 2006, p. 125-44.

PITZELE, P. "Adolescentes vistos pelo avesso: psicodrama intrapsíquico". In: SCHÜTZENBERGER, A. *Querer sarar: o caminho da cura*. Rio de Janeiro: Vozes, 1995.

ROTHBAUM, B.O. "A controlled study of eye movement desensitization and reprocessing in the treatment of posttraumatic stress disordered sexual assault victims". *Bulletin of the Menninger Clinic*, n. 61, 1997, p. 317-34.

RAUCH, S. A.; EFTEKHARI, A.; RUZEK, J. I. "Review of exposure therapy: a gold standard for PTSD treatment". *Journal of Rehabilitation Research and Development*, v. 49, n. 5, 2012, p. 679-88.

RICHARDS, D. A.; LOVELL, K.; MARKS, I. M. "Post-traumatic stress disorder: evaluation of a behavioral treatment program". *Journal Trauma Stress*, v. 7, n. 4, 1994, p. 669-80.

ROJAS-BERMÚDEZ, J. "De la envidia y de la violencia". *Revista de la Asociación Argentina de Psiquiatras*, ano III, v. 2, n. 2, 1997.

SAIBA O QUE FREUD aprendeu com Charcot. Psicoativo. s/d. Disponível em: <http://psicoativo.com/2016/04/o-que-freud-aprendeu-com-charcot.html>. Acesso em: 16 jan. 2018.

SAMUELS, A. *The father: contemporary Jungian perspectives*. Nova York: Nova York University Press, 1998.

SAPOLSKY, R. M. *Monkeyluv: and other essays on our lives as animals*. Nova York: Scribner, 2005.

SCHECK, M. "Brief psychological intervention with traumatized young women: the efficacy of eye movement desensitization and reprocessing". *Journal of Traumatic Stress*, v. 11, n. 1, jan. 1998, p. 25-44.

SCHOECK, H. *Envy: a theory of social behavior*. Nova York: Liberty Fund, 1987.

SCHUTZEMBERGER, A. A. *Meus antepassados*. São Paulo: Paulus, 1997.

SHAKESPEARE, W. *Otelo*. São Paulo: L&PM, 1999.

SHAY, J. "Achilles". In: *Vietnam: combat trauma and the undoing of character*. Nova York: Scribner, 1994.

SILVEIRA, D. X. da. *Panorama atual de drogas e dependências*. São Paulo: Atheneu, 2006.

SMITH, R. H. "Envy and its transmutations". In: TIEDENS, L. Z.; LEACH, C. W. *The social life of emotions*. Cambridge: Cambridge University Press, 2004.

STANTON, J. A. "Aesculapuius: a modern tale". In: *American Medical Association*. Disponível em: <http://www.ama-assn.org/sci-pubs/msjama/articles/vol_281/no_5/jms90003.htm>. Acesso em: 3 abr. 2017.

TAKAHASHI, H. *et al.* "When your gain is my pain and your pain is my gain: neural correlates of envy and Schadenfreude". *Science*, 323, n. 5916, p. 937-39.

TWERSTI, J. A.; NAKKEN, C. *Addictive thinking and the addictive personality*. Nova York: MJF Books, 1999.

VAN DER KOLK, B. A.; MCFARLANE, A. WEISAETH, L. (eds.). *Traumatic stress: the effects of overwhelming experience on mind, body and society*. Nova York: Guilford Press, 1996.

Van der Kolk, B. A.; Weisaeth, L.; Van der Hart, O. "History of trauma in psychiatry". In: Van der Kolk, B. A.; McFarlane, A.; Weisaeth, L. (eds.). *Traumatic stress: the effects of overwhelming experience on mind, body and society*. Nova York: Guilford, 1918, p. 47-76.

Vasconcelos, C. M. *Quando a psicoterapia trava*. São Paulo: Ágora, 2007.

Volkan, V. *Bloodlines: from ethnic pride to ethnic terrorism*. Nova York: Farrar, Strausand Giroux, 1997.

Wilson, S. A.; Becker, L. A.; Tinker, R. H. "Eye movement desensitization and reprocessing (EMDR) treatment for psychologically traumatized individuals". *Journal of Consulting and Clinical Psychology*, v. 63, n. 6, dez. 1998, p. 928-37.

Winnicott, D. W. *O brincar e a realidade*. Rio de Janeiro: Imago, 1975.

Yalon, D. I. *The Yalon reader: selections from the work of a master therapist and storyteller*. Nova York: Basic Books, 1998.

Yealland, R. L. *Hysterical disorders of warfare*. Londres: Macmillan and Co. Limited, 1918.

Zeig, K. J. *Os seminários didáticos de psicanálise de Milton H. Erickson*. Rio de Janeiro: Imago, 1983.

www.gruposummus.com.br

IMPRESSO NA GRÁFICA
sumago gráfica editorial ltda
rua itauna, 789 vila maria
02111-031 são paulo sp
tel e fax 11 **2955 5636**
sumago@sumago.com.br